Espiritismo

primeiros passos

CONSELHO DE GRUPOS INTEGRADOS

Espiritismo

primeiros passos

Aliança

1ª edição, 3ª reimpressão, Agosto/2024, do 7º ao 12º milheiro

---

Título
Espiritismo, primeiros passos

Autor
Conselho de Grupos Integrados

Revisão
Antônio Roberto de Carvalho

Diagramação
Sônia Silva

Capa
Sônia Silva

Impressão
Rettec Artes Gráficas Ltda.

Ficha Catalográfica

Dados Internacionais de Catalogação na Publicação (CIP)
— Câmara Brasileira do Livro | SP | Brasil —

Espiritismo, primeiros passos / organização
Conselho de Grupos Integrados. – 1ª ed. –
São Paulo : Editora Aliança, 2022.

ISBN: 978-85-8364-083-7

1. Doutrina Espírita 2. Espiritismo 3. Mediunidade 4.Psicografia
I. Conselho de Grupos Integrados

22-111854 CDD-133.9

Índice para catálogo sistemático:

1. Espiritismo 133.9

Aline Graziele Benitez - Bibliotecária - CRB -1/3129

Editora Aliança
Rua Major Diogo, 511 - Bela Vista - São Paulo - SP
CEP 01324-001 | Tel.: (11) 2105-2600
www.editoraalianca.com.br | editora@editoraalianca.com.br

Sumário

Apresentação

Podemos classificar a Escola de Aprendizes do Evangelho como um dos mais importantes eventos registrados na história do Espiritismo. Iniciada em 1950, sob a orientação de Edgard Pereira Armond, notabilizou-se ao longo de décadas pela sua capacidade de orientar os alunos no difícil terreno da reforma interior.

Com a Escola de Aprendizes, hoje desenvolvida por centenas de Grupos Espíritas, sediados no Brasil e no Exterior, enfatizou-se o Espiritismo em seu caráter religioso, cumprindo-se, dessa forma, a missão precípua da Terceira Revelação: redimir o homem pelo Evangelho!

Extirpar os vícios e controlar os defeitos, conquistar as virtudes exemplificadas por Jesus, atentar para a constante renovação moral nos três aspectos: íntimo, familiar e social, são algumas das maravilhas que a Escola oferece aos seus alunos. No dizer de muitos, aqueles que ingressam na Escola de Aprendizes encontram diante de si a "estrada de Damasco".

Não obstante os excelentes resultados alcançados nas Escolas, notava-se a necessidade de um Curso Básico de Espiritismo que, à guisa de estágio preliminar, ou antessala da Escola de Aprendizes, oferecesse aos alunos o conhecimento dos pontos fundamentais da Doutrina Espírita. No início de 1974, já fundada a ALIANÇA ESPÍRITA EVANGÉLICA, sua diretoria trocou ideias com Armond sobre o assunto e recebeu dele a aprovação e o incentivo para o estabelecimento do programa.

A elaboração do currículo, que se deveria limitar a 12 aulas, coube a Valentim Lorenzetti que, com sua visão de jornalista, apresentou um trabalho excelente. Após algumas emendas e comentários de Edgard Armond, o programa foi oficializado em 1º de maio de 1974.

Atendendo a insistentes solicitações dos Centros Espíritas, foram gravadas em áudio as 12 aulas em tom de um "bate-papo" informal. Em 1976/77 as gravações foram adaptadas à linguagem radiofônica e levadas ao ar pela Rádio Boa Nova, de Guarulhos, São Paulo.

A tarefa de converter o esquema radiofônico para a linguagem literária foi confiada a Flávio Focássio e a Valentim Lorenzetti.

Para a edição do ano 2000 o texto foi ampliado, pela equipe de revisão da Editora Aliança, para 17 aulas, recebendo o título de *Entendendo o Espiritismo* e ficando de acordo com o previsto no programa estabelecido para os Grupos da Aliança, conforme consta no livro *Vivência do Espiritismo Religioso*.

Para esta nova edição recebe o título de *Espiritismo primeiros passos*. O texto foi revisto e ampliado pela equipe do Projeto Escola de Aprendizes do Evangelho/Fraternidade dos Discípulos de Jesus com o apoio e trabalho em conjunto de toda a comunidade do movimento na Aliança Espírita Evangélica.

Não esperem os prezados leitores um curso completo de Espiritismo, pois sua finalidade é ministrar conhecimentos básicos e, em consequência, abrir as portas aos desejos de aprofundamentos maiores.

São Paulo, junho de 2022

Editora Aliança

Prefácio

Desde o ano 2000, o livro *Entendendo o Espiritismo* foi o livro-texto utilizado por todos os que se inscreveram no Curso Básico de Espiritismo, adotado pelos Centros Espíritas que seguem o programa da Aliança Espírita Evangélica, assim como foi fonte de conhecimento de livre acesso a todos os que se interessaram em conhecer os princípios básicos da Doutrina Espírita e sua evolução histórica, trazendo seus principais conceitos.

E, como a própria Doutrina, os conceitos vêm evoluindo e, por isso mesmo, o livro necessitava passar por revisões e adaptações progressivas, visando atender novas demandas e novos públicos.

O material de estudo ora apresentado agrega contribuições de todo o movimento da Aliança, muito trabalho de revisões, novas referências e atualizações de conhecimentos, trazendo uma ampliação nas contextualizações culturais e históricas, passando a atender os anseios e buscas de pessoas que vivenciam um novo momento terreno de visão mais ampla e inclusiva.

Para as gerações que estão chegando, este livro pretende abrir o campo de diálogo entre a tradição espiritual, o surgimento do Espiritismo no século 19 e o cumprimento da missão consoladora da humanidade pela geração atual e as futuras gerações. Ele passa os pergaminhos do passado para as telas de cristais líquidos ou, em outras palavras, ele transmite em linguagem contemporânea a mensagem da Boa Nova anunciada há muito tempo.

Como literatura primordial do Curso Básico de Espiritismo, neste novo formato estão apresentadas uma estrutura e programação de aula diferentes, tendo a equipe responsável por esta versão sido guiada pelas inspirações do plano maior no rumo a ser tomado e nas correções de rotas que se fizeram necessárias até ter-se chegado ao destino, conforme o planejamento traçado.

O trabalho foi coletivo, como o é em uma embarcação marítima, tendo recebido contribuições voluntárias de diversas frentes, momentos e interesses distintos, sempre tendo por bússola os princípios de Fraternidade e Amorosidade. Não poderia ter sido de outra forma, afinal, a era da regeneração é coletiva, era de construção na Terra do reino dos céus.

Os que chegam a este livro buscando as sinalizações do Novo Mundo regenerado encontrarão os sinais deixados pelos antepassados, codificados pela razão e fé raciocinada e amalgamados pela vivência amorosa de pessoas.

Foram adicionados novos capítulos buscando mais esclarecimentos, tais como mostrar a mediunidade como parte da civilização e cultura humanas ao longo do tempo, sendo muito mais do que um conceito religioso. As Fraternidades do Espaço foram apresentadas no intuito de trazer luz sobre a união de irmãos que buscam e lutam pelo crescimento e evolução da humanidade em direção à Espiritualidade Superior de uma maneira organizada e harmônica. Além disso, buscou-se trazer com mais detalhes os fundamentos da escolha do Brasil como ampliador da Doutrina Espírita para o mundo.

Aqueles que buscam compreender a Doutrina encontrarão nestas páginas os conceitos universais que procuram unir o homem à Espiritualidade Superior por meio do conhecimento filosófico, científico e da luz do sentimento de religiosidade.

Este é mais um passo de um trabalho interminável de aperfeiçoamento e evolução, tão inerente à própria Doutrina Espírita que o inspira.

Que Jesus seja sempre o nosso guia!

São Paulo, junho de 2022

Equipe Projeto EAE/FDJ

Capítulo 1

Manifestações dos Espíritos no Mundo
Das Antigas Tradições Espirituais ao Espiritismo

1.1 As Manifestações Espirituais ao longo da História

A história da humanidade sempre esteve repleta de relatos de mistérios e fenômenos sobrenaturais, envoltos em situações abstratas ao conhecimento da época, permanecendo inexplicáveis. As ligações com os fenômenos da natureza faziam de certas pessoas seres "encantados" e vistos como detentores de poderes divinos.

O plano espiritual contava com aqueles com quem tinham contatos mais estreitos, para transmitir as mensagens de progressão, embora alguns usassem este dom para a prática do mal.

Em muitas épocas, apenas alguns se mostravam aptos a essa função de mediadores entre o plano físico e o plano espiritual. Entre estes havia os que eram dotados de sensibilidades que favoreciam a captura de informações sutis, seja pela clarividência ou pelas práticas religiosas que lhes descortinavam os mistérios, para que estes fossem revelados à humanidade.

Os primeiros contatos conhecidos foram realizados por xamãs ou pajés que eram iniciados na arte de acessar a divindade, de remover o véu que separava os planos físico e espiritual. Suas faculdades eram aprimoradas ao longo do tempo nas práticas e por meio das orientações que recebiam de um ancião. Inúmeras culturas ancestrais passaram por esse estágio de desenvolvimento humano.

Em épocas posteriores, o número daqueles que acessavam os conhecimentos espirituais aumentou, passando esses a não ficarem restritos aos sacerdotes ou aos xamãs. As religiões na Antiguidade passaram a ter mais iniciados nos cultos e mistérios, como aconteceu, por exemplo, no Egito e na Grécia, onde havia templos dedicados às divindades. Estes abriam suas portas àqueles em que se observavam capacidades sensitivas desenvolvidas ou em potencial. No Egito havia templos a Ísis, que desenvolviam candidatas às práticas premonitórias, ao contato com a divindade, à cura e práticas de culto. Assim como existiam templos dedicados a Osíris e a Amon. Na Grécia havia os mistérios de Elêusis que eram ensinados e aprimorados, enquanto que as pitonisas e os oráculos previam o futuro nos templos espalhados pelo país. Os romanos adquiriram posteriormente essas práticas e cultos gregos, as quais propagariam por longo tempo.

As práticas espirituais nessas civilizações estavam imersas no contato e intermediação entre os planos, assim como também foram na China, na Índia, no Oriente Médio, na Europa e nas Américas.

No Velho Testamento há relatos das visitas de missionários divinos a Abraão. Moisés afirmava que falava com Deus, porém proibiu ao povo o contato com o mundo espiritual, como vemos em Deuteronômio 18:10 e 11 *"Não se achará entre ti quem consulte os mortos"*. Na verdade, referia-se ele à prática da necromancia[1] e da exploração comercial da mediunidade com fins pessoais e de ordem material. Tanto é assim que podemos ver em Números 11: 24 a 30 o próprio Moisés defender Beldade e Medade, que eram reprovados por profetizarem através do contato com Espíritos, dizendo: *"Oxalá que do povo do Senhor todos fossem profetas, que o Senhor pusesse o seu espírito sobre eles!"*.

Mais tarde veremos os profetas hebreus revelando os desígnios divinos e prevendo o futuro. Anjos anunciavam às criaturas a missão que receberiam, como foi o caso de Maria, que recebeu o anúncio de que seria mãe do Messias que viria ao mundo redimir os homens.

Os fenômenos espirituais e o contato com o plano espiritual sempre estiveram presentes e suas manifestações aconteciam de inúmeras formas. Os filósofos e pensadores clássicos acessaram de forma

1 Suposta arte de adivinhar o futuro por meio de contato com os mortos.

inspirada os conhecimentos espirituais, como foi o caso de Sócrates (469-399 a.C.) e Platão (428-348 a.C.), que proclamavam a existência da alma, a vida após a morte, a busca do pensamento elevado como forma de ligar-se aos deuses e desenvolver as virtudes[2].

Os contatos com Espíritos de baixa consciência e evolução, chamados demônios, que se manifestavam em forma de assédio, foram largamente relatados, chegando até os dias de hoje por meio dos textos religiosos judaicos, chineses, hindus etc.

Vemos ainda no Novo Testamento o registro de Espíritos inferiores sendo exortados a deixarem suas vítimas. Mesmo Jesus passou no deserto por "tentações e perturbações" antes de iniciar sua missão evangelizadora (Lucas 4:1-13).

Por outro lado, há ainda passagens que apresentam casos em que o contato com Espíritos mais elevados havia acontecido, como quando Jesus afirmava que a pessoa estava sendo inspirada pelo Espírito Santo.

João, o Evangelista, teve visões e falou em seu Evangelho sobre a Divindade Excelsa do Cristo. No livro *Apocalipse* fez revelações sobre o futuro da humanidade, ali registrando seu acesso ao plano espiritual, conforme lhe havia sido designado.

Paulo de Tarso, em suas viagens levando a palavra de consolo do Evangelho aos povos da Ásia, teve visões, operou curas e transmitiu palavras inflamadas de amor e exortação em franca atividade mediúnica.

Da antiguidade clássica para a idade média as formas de contato com os Espíritos foram vagarosamente sendo alteradas. Os curandeiros populares, os videntes, os profetas passaram a ser perseguidos pela Inquisição e mortos, por serem acusados de bruxaria. Muitas pessoas que apenas faziam o bem, obedecendo às orientações que recebiam de bons Espíritos foram sacrificadas injustamente.

Durante muito tempo as práticas do contato com os Espíritos foram perseguidas e condenadas, porém, continuava-se curando, instruindo e recebendo instruções espirituais. Em nome de Deus e do

---

2 É possível entender um pouco da doutrina de Sócrates e Platão, por meio da análise que Allan Kardec registra no item 4, da Introdução de *O Evangelho segundo o Espiritismo*.

Amor Maior consolava-se os desalentados, praticava-se a caridade, espalhava-se a esperança e o conforto espiritual. Alguns curavam através de suas orações ou com seu toque. Outros aqueciam os corações com suas palavras de amor orientadas pelos Espíritos Superiores, falando em nome de Deus. Outros materializavam objetos ou derramavam energias sobre seus ouvintes. Eram como luzes que se apresentavam para acender a fé e a esperança.

Assim foi com São Bernardo (1090-1153), Francisco de Assis (1181-1226), Clara de Assis (1193-1253), Antônio de Pádua (1195-1231), Joana D´Arc (1412-1431), Teresa de Ávila (1515-1582) e inúmeros outros iluminados e mártires que realizaram suas missões, apesar das perseguições e das ameaças de morte infame.

Vemos nos exemplos acima, que apesar de a Idade Média ter sido palco de atrocidades, foi também tempo de testemunhos vivos de fé e coragem daqueles que, confiando nas experiências espirituais que tinham, davam prova de que a luz Divina sempre paira sobre nós.

No século XVII, na Suécia, nasce Emmanuel Swedenborg (1688-1772), que proclamou a existência dos Espíritos e suas comunicações com os homens. Sua vida é repleta de relatos das visões que tinha e as revelações que recebia da Espiritualidade.

Na Escócia surge Edward Irving (1792-1834), eloquente nas suas inspiradas explanações do Evangelho e dedicado às curas, que chegou mais tarde a fundar sua própria Igreja onde os milagres e os fenômenos de Xenoglossia[3] se multiplicavam.

Nos Estados Unidos da América podemos citar Andrew Jackson Davis (1826-1910) considerado pelo escritor Arthur Conan Doyle *"um dos homens mais notáveis de que se tinha informação"* ao qual ele chamou *"o profeta da Nova Revelação"*, por ter previsto o advento do Espiritismo em uma de suas comunicações.

Nesse mesmo século surgem outras religiões que tiveram sua origem a partir de visões e orientações de seres espirituais e de profecias, como, por exemplo, as orientações que Joseph Smith (1805-1844) recebe e funda A Igreja dos Santos dos Últimos Dias (a igreja mórmon)

---

3 Fenômeno no qual uma pessoa se torna capaz de falar idiomas que nunca aprendeu.

ou as visões proféticas e orientações que Ellen G. White (1827-1915) recebe e, então, organiza a Igreja Adventista do Sétimo Dia.

Mas as manifestações de Espíritos iriam se tornar ainda mais ostensivas, iriam suceder ininterruptamente. Doyle chamou este fenômeno em sua obra *A História do Espiritismo,* de *"uma invasão devidamente organizada"*, determinada pelas leis divinas. Um apelo da Espiritualidade superior aos homens, para que refletissem sobre a vida eterna, para que cultivassem *"os tesouros que as traças e a ferrugem não corroem e os ladrões não podem roubar"*[4].

1.2. Tradições Espirituais

Como vimos até este momento em todas as épocas e nações, em todos os momentos históricos mais decisivos ou naqueles mais obscuros e inconclusos pela busca de informações históricas esteve o homem ligado às forças da vida espiritual, como ser integrante dessas forças.

A humanidade caminhou ao clarão das luzes dos céus trazidos pelos mais variados expoentes, comissionados pelo Alto para divulgar aos seres em crescimento na Terra as informações necessárias para que despertassem voluntariamente junto às verdades espirituais. Esses missionários foram chamados a contribuir com o Governador Planetário para acender a luz do entendimento na alma humana.

As tradições espirituais desenvolveram-se conforme a cultura, a maneira de ver o mundo, a natureza, o Criador e as forças cósmicas sustentadoras de mundos e seres viventes. Em códigos variados e específicos a cada conjunto humano, em cada microcosmos (seja a oferta de cenário da natureza, as vivências culturais e sociais, o desenvolvimento da inteligência, análise e dedução lógica, da linguagem e simbolismos etc.), cada época, cada cultura floresceu em sentimentos de relação e pertencimento ao Cosmos, ao Criador, a Deus.

[4] "Não acumuleis para vós outros tesouros sobre a terra, onde a traça e a ferrugem corroem e onde ladrões escavam e roubam; mas ajuntai para vós outros tesouros no céu, onde traça nem ferrugem corrói, e onde ladrões não escavam, nem roubam; porque, onde está o teu tesouro, aí estará também o teu coração." Mateus 6:19-21.

Na evolução espiritual, portanto, consideramos que somos descendentes de nós mesmos, antepassados de nossa alma, herdeiros diretos do que fomos. E que em momentos distintos apreendemos os ensinamentos necessários ao nosso crescimento por meio de uma tradição espiritual em um determinado país, determinada época.

Nos cultos primitivos do totemismo, a adoração de objetos, animais, plantas e elementos da Natureza foram, até certo ponto, supervisionados pelo plano espiritual para que pudessem evoluir rumo ao sentimento e à abstração, tendo a humanidade já passado essa fase.

O dogma da trindade foi sendo traduzido em diversas culturas religiosas passando por adaptações da trimurti[5] da antiguidade oriental para o seio de religiões ocidentais, por exemplo. Assim como o culto das imagens, a linguagem dos rituais, a hierarquia sacerdotal, os símbolos religiosos e dogmas foram sendo transliterados e readaptados conforme os tempos e os cenários humanos mudavam.

Evoluir é lei divina e a humanidade foi paulatinamente recebendo as instruções espirituais para pavimentar o caminho das aspirações elevadas, abandonando gradativamente o apego às vivências materiais como exclusivas no contato com o que é divino.

Ancestralmente o fundamento das concepções da trilogia chinesa, o confucionismo, o taoísmo e o budismo, está ali bem expresso e vivo no culto prestado aos antepassados e nas práticas que os chineses utilizavam para o intercâmbio que com eles mantém após a morte.

No hinduísmo a busca de uma moral elevada, da Alma Suprema, o conhecimento dos livros sagrados e das virtudes conduzem o adepto no caminho do autoconhecimento e da integração com Deus.

Já no budismo de Sidarta Gautama a tradição ensina a Doutrina reta, a fraternidade e o sentimento de caridade para com o próximo, buscando evoluir pela renúncia e pelo desapego das coisas do mundo.

---

5 Conjunto formado pelos três principais deuses do hinduísmo (Brahma, o criador, Vishnu, o preservador, e Shiva, o destruidor), considerados como manifestações ou qualidades de um único deus absoluto ou realidade primordial.

E no Espiritismo conciliam-se aspectos de diversas tradições espirituais que se confraternizam nos ensinamentos do Cristo, reunidas sob a luz do amor a Deus, ao próximo e a si mesmo.

1.3. O tempo das revoluções

A Filosofia percorria sua senda de iluminação da humanidade por meio do conhecimento e da reflexão sobre a Moral Elevada, inspirada muitas vezes pelo plano espiritual e da mesma forma, as religiões cumpriam ao longo do tempo a função de promover o despertar da consciência humana para o Divino, para os mistérios da vida, permitindo acesso às verdades espirituais que nada mais são que o conhecimento da ciência espiritual e as formas de nos ligarmos a Deus.

O Espiritismo surge, então, no século XIX, em meio a um grande crescimento e desenvolvimento tecnológico da humanidade, quando a fé diminuía frente ao crescente avanço do ceticismo e da ciência materialista.

Na Inglaterra, em meados de 1760, tem início a Revolução Industrial, um conjunto de transformações socioeconômicas sem precedentes, caracterizada especialmente pela substituição de métodos artesanais de produção (manufatura) por processos de produção mecânica (maquinofatura).

Começam a surgir os primeiros grandes conglomerados industriais, promovendo acelerada consolidação do capitalismo. Ao mesmo tempo, em uma velocidade espantosa, teares e máquinas a vapor transfiguram o modo de vida da época, agravando a divisão de classes e modificando significativamente a feição das relações humanas.

No mesmo período, na França, inicia-se outra revolução. Influenciada pelo aumento da desigualdade social e sob forte influência do pensamento iluminista[6], em 14 de julho de 1789 se dá a Revolução Francesa.

---

6 Pensamento predominante na Europa do século XVIII, caracterizado por ter a racionalidade crítica como a "luz" que levaria o homem à verdade do conhecimento.

De um lado, o abuso e a ostentação do clero e da nobreza; de outro, a miséria popular. A Tomada da Bastilha[7] por revoltosos é o prefácio de uma época de profundas dificuldades e agudas modificações para o povo francês.

Os princípios da Revolução Industrial e os ideais da Revolução Francesa espalharam-se como pólvora por toda a Europa, estimulando crescentes ondas de revoltas e culminando com as *Revoluções de 1848*, uma série de conflitos decorrentes de regimes governamentais autocráticos e de contínuas crises econômicas.

É também um período de acentuada alteração no campo das ideias. Surgem importantes conquistas científicas e tecnológicas, do mesmo modo que se desdobram novos questionamentos religiosos e filosóficos.

O positivismo[8], caracterizado essencialmente pelo apego à ciência, sobrepõe-se vigorosamente à religiosidade.

1.4. As irmãs Fox

No mesmo ano de 1848, mas distante das ebulições da Europa, no vilarejo de Hydesville, cerca de quarenta quilômetros de Rochester, Nova York, morava a família Fox.

Na casa, na verdade um casebre, residiam John D. Fox e Margaret Fox, e também duas de suas filhas: Margaret e Catherine (Maggie e Kate), com 14 e 11 anos, respectivamente. Havia outros filhos e filhas, mas estes não moravam com os pais.

Frequentadores da Igreja Metodista[9], os Fox eram agricultores muito simples e haviam alugado a casa em dezembro de 1847, mas não

---

7 Símbolo de opressão do antigo regime francês, a Bastilha era uma fortaleza utilizada como prisão, mas na época servia principalmente de depósito de armas do Estado.

8 Corrente filosófica desenvolvida por Auguste Comte (França, 1798–1857), que considerava as ciências experimentais e suas leis como a única e verdadeira fonte de conhecimento humano, opondo-se a interpretações religiosas ou ideológicas.

9 Movimento religioso originário da Inglaterra, cuja primeira sociedade foi fundada pelo reverendo John Wesley, em 1739.

haviam presenciado nada de estranho desde então, embora antigos inquilinos relatassem ouvir ruídos inexplicáveis em seus cômodos.

A casa assim permaneceu até meados de março de 1848: nenhum ruído, nada de incomum. Os barulhos, porém, começaram.

"Dessa data em diante, cresceram continuamente de intensidade. Às vezes eram simples batidas; outras vezes soavam como o arrastar de móveis. As meninas ficavam tão alarmadas, que se recusavam a dormir separadas e iam para o quarto dos pais. Tão vibrantes eram os sons, que as camas tremiam e se moviam."

(Arthur Conan Doyle. *A História do Espiritismo*.)

No dia 31 de março daquele ano, Andrew Jackson Davis, médium norte-americano, cujos mentores espirituais, segundo Arthur C. Doyle, eram o médico e filósofo greco-romano Cláudio Galeno (130–200) e o estudioso e espiritualista sueco Emmanuel Swedenborg (1688–1772), relatou em uma de suas anotações:

"Esta madrugada um sopro quente passou pela minha face e ouvi uma voz, suave e forte, dizer: "Irmão, um bom trabalho foi começado – olha! Surgiu uma demonstração viva". Fiquei pensando o que queria dizer semelhante mensagem."

(Ibidem)

Foi exatamente nessa data que irromperam sons surpreendentemente altos e inexplicáveis na casa dos Fox. Kate, a mais nova, decidiu então desafiar a força invisível a repetir as batidas que produzia com as mãos. Eis o que diz a sra. Fox em seu depoimento sobre o ocorrido:

"Minha filha menor, Kate, disse, batendo palmas: "Senhor Perneta[10], faça o que eu faço". Imediatamente seguiu-se o som, com o mesmo número de palmadas. Quando ela parou, o som logo parou. Então Margareth disse brincando: "Agora faça exatamente como eu. Conte um, dois, três, quatro" e bateu palmas. Então os ruídos se produziram como antes. (...)

Então perguntei: "É um ser humano que me responde tão corretamente?" Não houve resposta. Perguntei: "É um Espírito? Se for, dê duas batidas." Duas batidas foram ouvidas assim que fiz o pedido."

(Ibidem)

As notícias se espalharam, e a casa dos Fox tornou-se um ponto de encontro de vizinhos curiosos e ansiosos por ter suas muitas perguntas respondidas pela inteligência invisível. Passaram a criar alfabetos por meio de pancadas (tiptologia), estabelecendo também um número determinado de batidas para "sim" e "não".

Descobriu-se, assim, que o comunicante era Charles B. Rosma, assassinado por um golpe de faca naquela casa havia cinco anos por um antigo inquilino, e seu corpo havia sido enterrado na adega.

Motivo do crime? Dinheiro!

Várias escavações foram feitas na adega em busca do corpo, mas somente no verão daquele ano puderam efetivamente encontrar cabelos e ossos humanos, tidos como partes de um esqueleto. Contudo, apenas cinquenta e seis anos mais tarde se comprovou que alguém havia sido verdadeiramente enterrado na adega dos Fox.

Rochester, Nova Iorque, 22 de novembro de 1904: O esqueleto do homem que se supõe ter produzido as batidas, ouvidas inicialmente pelas irmãs Fox, em 1848, foi encontrado nas paredes da casa ocupada pelas irmãs e as exime de qualquer sombra de dúvida concernente à sua sinceridade na descoberta da comunicação dos Espíritos.

[10] Apelido dado por Kate por conta do barulho peculiar que ele produzia, como se tivesse uma perna-de-pau e a batesse no chão quando caminhava.

(Boston Journal. 23 de novembro de 1904. In: Arthur Conan Doyle. *A História do Espiritismo.*)

Assim, em um casebre iluminado por velas, iniciou-se, por meio de simples pancadas e arranhões, uma nova fase da história humana, a da comunicação direta e sistemática entre os dois planos da vida: o material e o imaterial. Este, invisível, mas de modo algum menos real que aquele.

1.5. As Mesas Girantes

Após os acontecimentos de Hydesville, manifestações semelhantes começaram a ocorrer por todo o país. Todavia, a transmissão e a recepção de mensagens por intermédio de batidas era um processo lento e muitíssimo trabalhoso.

Em fins de 1850, os próprios Espíritos apontaram um novo método de comunicação. Bastava que os presentes se colocassem em volta de uma mesa, pusessem as mãos sobre ela e passassem, então, a recitar o alfabeto. A mesa, erguendo um de seus pés, batia no chão cada vez que a letra desejada era proferida, formando assim, palavras e frases.

Esse novo procedimento, embora ainda moroso, produziu resultados extraordinários. Em breve, as mesas passaram não apenas a bater um de seus pés na escolha de uma letra, mas também a girar em todas as direções e a elevar-se no ar, sem que se pudessem conhecer as forças que as haviam erguido. Não havia quem não se sentisse enormemente atraído pelas mesas girantes e "falantes", que se espalharam rapidamente pelas cidades norte americanas, não tardando a atingir outras partes do mundo, sobretudo o continente europeu, envolto, como já vimos, em grandes conflitos e significativas transformações no campo da ciência.

O Espírito Emmanuel[11] esclarece a respeito de tais fenômenos espetaculosos:

[11] Veja pequena biografia no capítulo 6.

" (...) a mediunidade serviu para atender aos misteres brilhantes da observação científica, projetando inquirições do homem para a Esfera Espiritual (...)"

Emmanuel. *Seara dos Médiuns*. Psicografia de Chico Xavier.

Assim, nas casas mais humildes, em oficinas de trabalho ou mesmo nos suntuosos salões da aristocracia, muitos se reuniam em torno de mesas para ouvi-las bater ou para vê-las girar e dançar, sem que ninguém as tocasse.

Era uma época de intensa agitação. Cidades como Nova York, Londres, São Petersburgo e Paris, entre outras, fervilhavam. As tais mesas frequentemente ocupavam as páginas dos jornais e logo se tornaram o passatempo preferido de muitos, que se entretinham ao sentar-se a seu redor, com as mãos sobre elas, fazendo perguntas frívolas na ansiedade de uma resposta correta.

Mas como explicar o bailar das mesas, contrário às leis da física? Como poderiam responder a perguntas por meio de pancadas? Como poderiam conhecer o alfabeto a ponto de baterem sob esta ou aquela letra para formar palavras e frases completas?

Histeria coletiva? Forças sobrenaturais? Ações dos Espíritos? A única explicação aceitável a tais fenômenos parecia ser esta: Fraude! Essa era a opinião firme de um importante pedagogo francês da época, Hippolyte Léon Denizard Rivail[12], que acreditava na superioridade da ciência sobre qualquer outra forma de compreensão da realidade.

Sim, em alguns casos, as fraudes eram grosseiras e facilmente descobertas. Em outros, fios invisíveis e roldanas ocultas eram mais difíceis de perceber. Mas e quando não se encontrava nenhum indício de engodo ou embuste?

---

12 Filho natural de Jean Baptiste Antoine Rivail, magistrado, juiz, e de Jeanne Louise Duhamel, nasceu em Lyon, na França, às 19 horas do dia 3 de outubro de 1804, na rua Sala, número 74. Em sua certidão de nascimento, seu nome é grafado Denizard-Hippolyte-Léon Rivail. Contudo, no ano seguinte, em 15 de junho de 1805, Rivail foi batizado na igreja Saint-Deni de la Croix Rousse, e em seu registro consta o nome Hippolyte-Léon-Denizard Rivail, sendo esta a grafia mais comumente encontrada na literatura espírita ou em obras que mencionem seu nome.

Para o professor Rivail, um homem de senso positivista e racional, de estudos e de cátedra, devia haver uma explicação.

1.6. A Universalidade do Ensino dos Espíritos

A garantia do ensino dos Espíritos está na concordância existente entre as revelações feitas, espontaneamente, por meio de um grande número de médiuns estranhos uns aos outros, em diversas regiões.

A verdade só é admitida quando tem em seu abono o consenso geral.

Se a Doutrina fosse uma concepção meramente humana, teria apenas por garantia as luzes daquele que a houvesse concebido, é o que lemos na Introdução de *O Evangelho segundo o Espiritismo*.

Por outro lado, se os Espíritos que a revelaram se houvessem manifestado a um só homem, nada lhe garantiria a origem, pois seria preciso crer na palavra daquele que dissesse haver recebido esse ensinamento.

Para que a Nova Revelação chegasse aos homens por via mais rápida e mais autêntica, os Espíritos Superiores a levaram de um polo ao outro, manifestando-se em toda parte, sem a ninguém outorgar o privilégio exclusivo de ouvir a sua palavra.

A universalidade do ensino dos Espíritos constitui a grande força da Doutrina; fator responsável pela sua rápida propagação e garantia poderosa contra os cismas que eventualmente poderão ameaçar o Espiritismo.

A concordância entre várias comunicações é uma arma eficaz contra as alterações tendenciosas que tentassem introduzir nos fundamentos doutrinários.

Os Espíritos verdadeiramente sensatos, quando não se julgam suficientemente esclarecidos sobre uma questão, não a resolvem nunca de modo absoluto, e declaram tratá-la apenas sob o seu ponto de vista, aconselhando mesmo que se aguarde uma confirmação.

A opinião universal é o juiz supremo que se pronuncia em última instância e que se constitui de todas as opiniões individuais.

1.7 Princípios Fundamentais do Espiritismo

O Espiritismo, na condição de Doutrina espiritualista, adotou os seguintes princípios fundamentais:

- a existência do Espírito e sua sobrevivência após o desencarne;
- a comunicabilidade e relacionamento entre Espíritos encarnados e desencarnados;
- a lei de causa e efeito;
- pluralidade dos mundos habitados;
- a lei da evolução.

Apresentando-nos provas irrefutáveis sobre a existência do Espírito, demonstra-nos, de modo convincente, com base nos fatos, que o mesmo, em sua jornada evolutiva, passa por experiências sucessivas, em corpos distintos e épocas diferentes.

Aclara-nos, o Espiritismo, que a evolução, graças à lei de justiça (ação e reação), é constante, pois nada melhor do que sentir em nós as dores que infligimos a outrem, para aprendermos a lição e retificarmos nossos passos.

Conhecedores dessa lei e de suas consequências, ficamos sabendo que hoje, com os atos, planos e pensamentos, estamos a edificar nosso futuro, e, naturalmente, somos induzidos à prática do bem.

Se a lei de Ação e Reação é apresentada de forma sutil em algumas Doutrinas orientais, no Espiritismo ela é enunciada às claras, auxiliando-nos a alcançar plena conscientização dos erros cometidos no deserto da ignorância e, por decorrência, impulsionando-nos ao progresso.

Por meio do Espiritismo aprendemos que evoluir consiste na soma de experiências vividas em múltiplas encarnações, o que nos enseja a exteriorização dos atributos divinos que, de forma latente, se encontram enclausurados em nosso íntimo.

Deus, como causa primária de todas as coisas, e Jesus, como modelo definitivo e único para todos os homens, é outro ensinamento valioso que a Doutrina nos revela.

Não possuímos ainda a inteligência suscetível de compreender a grandeza do Pai, esclarece-nos o Espiritismo, mas trazemos o coração capaz de aprender a sentir-lhe o amor.

Entendemos Jesus como a fonte de reconforto, no entanto reconhecemos que aquele que somente recebe consolações e mimos paternos, se arrisca a envenenar o coração para sempre, na sede insaciável dos caprichos. Não acreditamos – diz-nos a Terceira Revelação – que o Cristo só haja trazido ao mundo a palavra revigoradora e afetiva, senão também um roteiro de trabalho que é preciso reconhecer e seguir, em que pesem as maiores dificuldades.

Revela-nos que o espírita é o cristão redivivo, envolvendo-nos, portanto, na inadiável obrigação de socorro ao mundo.

O Espiritismo é a revivescência do Evangelho, atuando novamente entre os homens, com toda a pureza de sua origem: é um corpo de princípios morais, objetivando a libertação da alma humana para a Vida Maior; trata-se daquele Consolador prometido, enfeixando nova e bendita oportunidade de redenção.

1.8 Referências Bibliográficas:

ARMOND, E. *Guia do Aprendiz*. Editora Aliança, 1971.

ARMOND, E. *Mediunidade*. Editora Aliança, 2010.

ARMOND, E. *Religiões e Filosofias*. Editora Aliança, 1999.

A Bíblia Sagrada. Tradução de João Ferreira de Almeida. Revista e corrigida no Brasil. 4ª ed. São Paulo: Sociedade Bíblica do Brasil, 2013.

WANTUIL, Zêus. *As Mesas Girantes e o Espiritismo*. 4ª ed. Rio de Janeiro. FEB, 2005. cap. 1-3; 6-10; 13; 28-32.

XAVIER, F. C./Emmanuel. *A Caminho da Luz: história da civilização à luz do Espiritismo*. 33ª ed. FEB, 2010.

Capítulo 2

Allan Kardec e a Doutrina Espírita, o Paracleto prometido por Jesus

2.1. Introdução

No auge do século XIX, a ciência estava em franca evolução, sobretudo na Europa, e a segunda revolução industrial tomava forma, com descobertas importantes como a lâmpada incandescente assim como o telégrafo, encurtavam as distâncias entre os homens e intensificavam as relações. E isto era apenas o começo de uma mudança enorme no planeta como um todo.

As comunicações com os Espíritos estavam em seu auge, exatamente nesse contexto de mudanças globais, e muitos se interessavam por elas, pensando em definir uma explicação lógica e científica para os fenômenos, dentre estes, o professor Hippolyte Léon Denizard Rivail que entendia as mesas girantes como movidas pela força eletromagnética daqueles que se sentavam à sua volta, não pelos Espíritos.

Mas a comunicação com os Espíritos estava ficando mais complexa e sofisticada, com uma comunicação mais aprimorada. Pancadas foram gradativamente substituídas por discos com letras, números e algumas palavras-chave, que eram postos sobre a mesa com um ponteiro girando na direção desejada. Da mesma forma, pequenas pranchetas triangulares de madeira, com apoios em cada um de seus ângulos, deslizavam sobre tabuleiros também com letras, números e algumas palavras, sempre com um leve toque das mãos sobre elas.

Os grupos passaram, então, a utilizar cestas de madeira ou de vime com um lápis fixado em sua extremidade, sugestão dada pelos próprios Espíritos comunicantes em sessões simultâneas por toda a Europa. Colocavam suavemente as mãos sobre as cestas e estas se moviam em uma folha de papel, produzindo as primeiras manifestações por escrito. Devido a seu atrito, passaram a utilizar também pranchetas com rodízios em duas de suas extremidades e um lápis na terceira, facilitando sobremaneira as comunicações escritas. Nascia a psicografia, sendo as cestas e as pranchetas tão somente extensões das mãos dos médiuns.

E, mesmo com tantas descobertas científicas, não havia explicação para estes acontecimentos e os questionamentos só aumentavam. Como aconteciam, qual sua origem, se era uma nova ciência ou um novo tipo de energia. Todas, perguntas difíceis de responder.

Em maio de 1855, após a insistência de velhos amigos como o magnetizador[13] sr. Fortier, o funcionário público sr. Pâtier e o linguista sr. Carlotti, Rivail decide finalmente participar de uma sessão de mesas girantes. Parte, então, para a rua Grange-Batelière[14], número 18, onde a sra. De Plainemaison o aguardava, juntamente com outros convidados.

Indo a uma das reuniões do grupo, numa terça-feira às 20 horas, ele estava resolvido a usar métodos criteriosos e objetivos para averiguar ao que assistiria. De um lado, aspectos técnicos como ruídos provocados pela dilatação da madeira da mesa ou mesmo por energia elétrica. De outro lado, avaliaria também a idoneidade dos participantes, além de verificar se tais exibições eram cobradas de alguma forma, visto que charlatães não trabalham de graça.

Uma das primeiras observações que ele fez foi que nada se cobrava e nada se pedia. Durante a sessão ele observou as mesas que giravam:

"Foi aí que, pela primeira vez, presenciei o fenômeno das mesas que giravam, saltavam e corriam em condições tais, que não deixavam lugar para qualquer dúvida."

(Allan Kardec, *Obras Póstumas*)

[13] Aquele que aplica passes magnéticos; passista.
[14] Todas as ruas mencionadas daqui até o final do capítulo se encontram na região de Paris.

A sessão foi repleta de atividades para a observação do Professor, tais como a sra. De Plainemaison colocando as mãos sobre uma cesta de vime, com uma espécie de giz na ponta, e esta, aos solavancos, a escrever frases soltas em uma ardósia, usada como lousa na época. Ele presenciou muitas perguntas feitas e suas respostas. Até mesmo perguntas mentais eram respondidas acertadamente:

"Entrevi, naquelas aparentes futilidades, no passatempo que faziam daqueles fenômenos, alguma coisa de sério, como que a revelação de uma nova lei, que tomei a mim estudar a fundo."

(Ibidem)

2.2. Estudando os fenômenos

Educador e, acima de tudo, estudioso, Rivail pôs-se a buscar respostas, sempre baseadas em métodos científicos. Ele utilizava os métodos aprendidos no renomado Instituto de Yverdon, na Suíça, quando, em 1814, começou a estudar sob os cuidados de seu fundador, Johann Heinrich Pestalozzi, pedagogista pioneiro na reforma educacional, de quem Rivail se considerava discípulo.

Casado com Amélie Gabrielle Boudet desde 6 de fevereiro de 1832, dividia com ela o ofício de ensinar. Professora de Letras e Belas-Artes, *Gaby*, como era chamada no íntimo familiar, havia publicado três livros antes de conhecer Rivail, que também já possuía algumas obras editadas, todas voltadas à didática e à educação. Sem filhos, o casal dedicava seu tempo a lecionar em escolas e instituições. Por cinco anos, chegaram a dar aulas gratuitas em sua própria casa, na rua Sèvres, número 35, a alguns alunos menos favorecidos da vizinhança.

Agora, entre aulas, cursos e lançamentos de livros, Rivail precisaria também encontrar tempo para debruçar-se sobre suas pesquisas a respeito dos fenômenos inexplicáveis que testemunhara.

Não era esse seu primeiro contato com o imponderável. O professor, desde meados de 1820, iniciara seus estudos sobre o magnetismo animal[15] e as experiências conduzidas pelo médico alemão Franz Anton Mesmer (1734-1815). Mesmer afirmava que o Universo estava envolvido em uma espécie de substância fluídica que não se podia ver, mas que, segundo ele, exercia forte influência sobre o homem. A essa substância Mesmer chamou *fluido magnético*.

Mesmo cético, Rivail pressupunha a ação desse fluido no movimento da mesa e da cesta de vime nas sessões na casa da sra. De Plainemaison. Da mesma forma, via a interferência de algo oculto nos transes hipnóticos e sonambúlicos que passara a presenciar.

Em 1855, os estudos do professor tomaram um novo rumo quando foi apresentado às filhas do casal Émile-Charles e Clementine Baudin, as meninas Caroline e Julie Baudin, então com 16 e 14 anos, respectivamente.

Muitos curiosos foram atraídos pelas atividades das duas jovens, que se apresentavam em sessões na casa de seus pais, na rua Rochechouart. Faziam-lhes todo o tipo de perguntas, geralmente banais ou sem importância e suas respostas eram atribuídas a Zéfiro, um *Espírito familiar*, que gostava de brincar com os presentes por meio de respostas por vezes mordazes e irônicas, o que desagradava ao professor.

As coisas começaram a mudar quando outro visitante invisível se apresentou por meio de Caroline, já com o lápis na mão e sem o auxílio de cestas: Frédéric Soulié, dramaturgo francês morto havia nove anos. Havia muitas dúvidas sobre a verdadeira identidade dessas entidades e como comprová-las.

A cada visita à casa dos Baudin, Rivail levava questões mais complexas: existência de Deus, separação da alma e do corpo, forma dos Espíritos, entre muitas outras.

Sua preocupação, todavia, ampliava-se diante de suas descobertas, pois via nelas uma transformação de ideias e de crenças. Era imprescindível, como ele próprio dizia, "ser positivista, e não idealista" (*Obras Póstumas*), para não se deixar guiar pelas ilusões.

---

15 Também chamado apenas *magnetismo*, é o processo pelo qual fluidos podem ser transferidos de uma pessoa para outra, quer por contato, quer por aproximação.

2.3. O Corpo da Doutrina Espírita

Conforme colecionava novas revelações e observações, mais Rivail desejava compartilhá-las com o público. Sua ideia era compilar tudo em um livro. Nessa ocasião, ele e Amélie moravam na rua Des Martyrs, e foi aí, certa noite, revisando e passando a limpo um grande volume de anotações e apontamentos, que o professor foi surpreendido por uma série de batidas e pancadas na parede, fato que ele próprio nos relata a seguir:

"Morava eu, por essa época, na rua Des Martyrs, número 8, no segundo andar, ao fundo. Uma noite, estando no meu gabinete a trabalhar, pequenas pancadas se fizeram ouvir na parede que me separava do aposento vizinho. A princípio, nenhuma atenção lhes dei; como, porém, elas se repetissem mais fortes, mudando de lugar, procedi a uma exploração minuciosa dos dois lados da parede, escutei para verificar se provinham do outro pavimento e nada descobri. O que havia de singular era que, de cada vez que eu me punha a investigar, o ruído cessava, para recomeçar logo que eu retomava o trabalho. Minha mulher entrou da rua por volta das dez horas; veio ao meu gabinete e, ouvindo as pancadas, me perguntou o que era. "Não sei", respondi-lhe, "há uma hora que isto dura". Investigamos juntos, sem melhor êxito. O ruído continuou até a meia-noite, quando fui deitar-me.

No dia seguinte, como se houvesse sessão em casa do sr. Baudin, narrei o fato e pedi que me explicassem.

Pergunta – Ouvistes, sem dúvida, o relato que acabo de fazer; poderíeis dizer-me qual a causa daquelas pancadas que se fizeram ouvir com tanta persistência?

Resposta – Era o teu Espírito familiar.

P. – Com que fim foi ele bater daquele modo?

R. – Queria se comunicar contigo.

P. – Poderíeis dizer-me quem é ele?

R. – Podes perguntar-lhe a ele mesmo, pois que está aqui.

NOTA – Nessa época, ainda não se fazia distinção nenhuma entre as diversas categorias de Espíritos simpáticos. Dava-se-lhes a todos a denominação de Espíritos familiares.

P. – Meu Espírito familiar, quem quer que tu sejas, agradeço-te o me teres vindo visitar. Consentirás em dizer-me quem és?

R. – Para ti, chamar-me-ei A Verdade, e todos os meses, aqui, durante um quarto de hora, estarei à tua disposição.

P. – Ontem, quando bateste, estando eu a trabalhar, tinhas alguma coisa de particular a dizer-me?

R. – O que eu tinha a dizer-te era sobre o trabalho a que te aplicavas; desagradava-me o que escrevias e quis fazer que o abandonasses.

NOTA – O que eu estava escrevendo dizia respeito, precisamente, aos estudos que empreendera acerca dos Espíritos e de suas manifestações.

P. – A tua desaprovação era referente ao capítulo que eu escrevia ou ao conjunto do trabalho?

R. – Ao capítulo de ontem; submeto-o ao teu juízo; se o releres, reconhecerás tuas faltas e as corrigirás.

P. – Eu mesmo não me sentia satisfeito com esse capítulo e o refiz hoje. Está melhor?

R. – Está melhor, mas ainda não satisfaz. Relê da 3ª à 30ª linha e com um grave erro depararás.

P. – Rasguei o que escrevera ontem.

R. – Não importa! Isso não impediu que a falta continuasse. Relê e verás.

P. – O nome Verdade, que adotaste, constitui uma alusão à verdade que eu procuro?

R. – Talvez; pelo menos, é um guia que te protegerá e ajudará.

P. – Poderei evocar-te em minha casa?

R. – Sim, para te assistir pelo pensamento; mas, para respostas escritas em tua casa, só daqui a muito tempo poderás obtê-las.

NOTA – Com efeito, durante cerca de um ano, nenhuma comunicação escrita obtive em minha casa e sempre que ali se encontrava um médium, com quem eu esperava conseguir qualquer coisa, uma circunstância imprevista a isso se opunha. Somente fora de minha casa lograva eu receber comunicações.

P. – Poderias vir mais amiúde e não apenas de mês em mês?

R. – Sim, mas não prometo senão uma vez mensalmente, até nova ordem.

P. – Terás animado na Terra alguma personagem conhecida?

R. – Já te disse que, para ti, sou A Verdade; isto, para ti, quer dizer discrição; nada mais saberás a respeito.

NOTA – À noite, de regresso a casa, dei-me pressa em reler o que escrevera. Quer no papel que eu lançara à cesta, quer em nova cópia que fizera, se me deparou, na 30ª linha, um erro grave, que me espantei de haver cometido. Desde então, nenhuma outra manifestação do mesmo gênero das anteriores se produziu. Tendo-se tornado desnecessárias, por se acharem estabelecidas as minhas relações com o meu Espírito protetor, elas cessaram. O intervalo de um mês, que ele assinara para suas comunicações, só raramente foi mantido, no princípio. Mais tarde, deixou de o ser, em absoluto. Fora sem dúvida um aviso de que eu tinha de trabalhar por mim mesmo e para não estar constantemente a recorrer ao seu auxílio diante da menor dificuldade."

(Allan Kardec, *Obras Póstumas*)

No ano seguinte, em 1856, o professor passou também a frequentar as sessões que se davam na rua Tiquetonne, número 14, na casa do sr. Roustan e da srta. Ruth Céline Japhet, médium sonâmbula, isto é, inconsciente, na época com 19 anos.

Rivail, na ocasião, já contava quase pronta sua tarefa. Era preciso, porém, revisá-la com muito cuidado e esmero. Era necessário que isso se fizesse com o auxílio dos próprios Espíritos.

"Estava concluído, em grande parte, o meu trabalho e tinha as proporções de um livro. Eu, porém, fazia questão de submetê-lo ao exame de outros Espíritos, com o auxílio de diferentes médiuns. (...) Foi assim que mais de dez médiuns prestaram concurso a esse trabalho."

(*Ibidem*)

No dia 12 de junho de 1856, em sessão com uma jovem médium de nome Aline C., o Professor Rivail pergunta sobre a missão que alguns Espíritos lhe haviam atribuído. Estava temeroso da responsabilidade de trocar o papel de simples colaborador para o de missionário.

A confirmação veio, juntamente com uma recomendação: que fosse discreto, para que a missão fosse cumprida com êxito.

Os Espíritos, contudo, trouxeram-lhe uma observação, cinco dias depois, desta vez por intermédio da srta. Baudin:

"Por muito importante que seja esse primeiro trabalho, ele não é, de certo modo, mais do que uma introdução. Assumirá proporções que longe estás agora de suspeitar."

(*Ibidem*)

Depois de quase um ano o trabalho, árduo e penoso, foi finalmente concluído.

"Da comparação e da fusão de todas as respostas, coordenadas, classificadas e muitas vezes retocadas no silêncio da meditação, foi que elaborei a primeira edição de *O Livro dos Espíritos*, entregue à publicidade em 18 de abril de 1857."

(*Ibidem*)

2.4. Allan Kardec

A primeira edição de O *Livro dos Espíritos* foi editada em 1857. Entretanto, quem procurasse, na capa, as conhecidas iniciais do autor de mais de vinte livros didáticos, não as encontraria. O conhecido professor H.-L.-D. Rivail deu lugar a um codinome, cuja grafia em negrito e em letras maiúsculas se destacava: **ALLAN KARDEC.**

O pseudônimo tinha uma explicação: havia sido o nome de Rivail em uma vida anterior, junto aos druidas[16], quando se dedicava à filosofia e ao ensino na sociedade celta, conforme revelado por Zéfiro, em uma das sessões na casa dos Baudin.

Adotando nova identidade, Rivail como que criou um marco e uma distinção entre o pedagogo, discípulo de Pestalozzi e autor de obras didáticas, e o propagador das revelações do mundo espiritual, a que chamou Espiritismo.

2.5. O Paracleto Prometido por Jesus

O Espiritismo, a seu tempo, vem atender às palavras de Jesus, que nos prometeu a vinda do Paracleto, termo grego que se traduz por aquele que vem em nosso socorro, que intercede por nós: o Consolador.

"E eu rogarei ao Pai, e ele vos dará outro Consolador (Paracleto), para que fique convosco para sempre, o Espírito da Verdade, que o mundo não pode receber, porque não o vê nem o conhece; mas vós o conheceis, porque habita convosco, e estará em vós."

(João, 14:16-17)

[16] Sacerdote celta, de grande influência política, que acumulava funções de educador e juiz.

Mais adiante, acrescenta Jesus:

"Mas aquele Consolador (Paracleto), o Espírito Santo, que o Pai enviará em meu nome, esse vos ensinará todas as coisas e vos fará lembrar de tudo quanto vos tenho dito."

(João, 14:26)

Assenta, por fim, Emmanuel:

"A dádiva celestial do intercâmbio entre o mundo visível e o invisível chegou ao planeta nessa onda de claridades inexprimíveis. Consolador da Humanidade, segundo as promessas do Cristo, o Espiritismo vinha esclarecer os homens, preparando-lhes o coração para o perfeito aproveitamento de tantas riquezas do Céu."

(*A Caminho da Luz,* cap. 23 Psicografia de Chico Xavier)

2.6. O que o Espiritismo trouxe de novo?

O Espiritismo é, pois, um avançado sistema de iniciação espiritual dos tempos modernos, e as claridades dos seus ensinamentos iluminam os caminhos do adepto, porque desde o seu advento:

- Coloca as verdades essenciais ao alcance de toda a humanidade, sem distinções ou limitações de qualquer natureza, salvo as referentes à própria negatividade individual.

- Completa o quadro dos conhecimentos espirituais, compatíveis com o entendimento dos homens desta época, transmitindo esclarecimentos ainda não revelados até o presente.

- Elimina a necessidade de iniciações secretas e sectárias, generalizando seus conhecimentos para todas as pessoas, sobretudo popularizando o intercâmbio entre os mundos, pela mediunidade.

- Demonstra que o progresso espiritual só pode ser realizado em boas condições mediante o desenvolvimento equilibrado do sentimento e da inteligência.

• Revela que o Cristo – o Verbo – é o arquiteto da estruturação e da organização da vida neste planeta, medianeiro entre Deus e os homens, e que seu Evangelho é a síntese da mais alta moral e a norma da mais elevada realização espiritual.

• Evidencia que o conhecimento das coisas de Deus não deve nem pode ser adquirido por métodos contemplativos, no isolamento das coisas do mundo, mas, ao contrário, no convívio de todos os seres, ao contato das dores, das misérias e das imperfeições de todos os homens porque a vida, ela mesma, é que fornece experiência, sabedoria e elementos de aperfeiçoamento.

• Liberta o homem da escravização religiosa e do esforço, quase sempre improdutivo, da especulação filosófica, ofertando-lhe conhecimentos reais, concludentes, lógicos e completos, todos eles, como já dissemos anteriormente, passíveis de demonstração experimental.

2.7. Referências Bibliográficas:

AUDI, Edson. *Vida e Obra de Allan Kardec.* 3ª ed. Lachâtre, 2013. p. 4-69.

A Bíblia Sagrada. Tradução de João Ferreira de Almeida. Sociedade Bíblica Trinitariana do Brasil, 1996. cap. 14.

DOYLE, Arthur Conan. *História do Espiritismo.* Tradução de Júlio Abreu Filho. Editora Pensamento, 1995. cap. 4-7.

KARDEC, Allan. *Introdução. Prolegômenos. In: O Livro dos Espíritos.* Tradução de Guillon Ribeiro. 93ª ed. FEB.

KARDEC, Allan. Da Psicografia. In: *O Livro dos Médiuns.* Tradução de Guillon Ribeiro. 71ª ed. FEB, cap. 13.

KARDEC, Allan. Noções Elementares de Espiritismo. In: *O Que é o Espiritismo.* Tradução da Redação de *Reformador* em 1884. 56ª ed. FEB, cap. 2.

KARDEC, Allan. Extratos, in extenso, do livro das Previsões concernentes ao Espiritismo. In: *Obras Póstumas.* Tradução de

Guillon Ribeiro. 41ª ed. FEB, 2ª parte.

KARDEC, Allan. Introdução. In: *Revista Espírita*. Tradução Evandro Noleto Bezerra, ano 1, nº 1, jan. 1858. FEB.

MAIOR, Marcel Souto. *Kardec: A Biografia.* 10ª ed. Rio de Janeiro. Record, p. 15-69.

ROCHA, Cecília (Org.). *Estudo Sistematizado da Doutrina Espírita: Programa Fundamental.* 2ª ed. Rio de Janeiro. FEB, Tomo I. Módulo I.

SAUSSE, Henri. Biografia de Allan Kardec. In: *KARDEC, Allan. O Que é o Espiritismo.* Tradução da Redação de Reformador em 1884. 56. ed. Brasília. FEB.

THIESEN, Francisco e WANTUIL, Zêus. *Allan Kardec: O Educador e o Codificador.* 2ª ed. Rio de Janeiro. FEB, cap. 11.

XAVIER, F. C./Emmanuel. *A Caminho da Luz:* história da civilização à luz do Espiritismo. 33ª ed. FEB, cap. 21-24.

XAVIER, F. C./Emmanuel. *Num século de Espiritismo,* cap. 1. In: Seara dos Médiuns. 17ª ed. FEB.

Capítulo 3

A Propagação da Doutrina Espírita

3.1 A Divulgação de *O Livro dos Espíritos*

"Que é Deus?"

Com essa pergunta, a primeira, O *Livro dos Espíritos* começava a mostrar a Paris um mundo novo, pleno de revelações admiráveis e, até certo ponto, espantosas a cada página: prova da existência de Deus, reencarnação, pluralidade de mundos habitados, provas e expiações, a continuidade da vida no além.

Em apenas dois meses, a primeira tiragem da obra, 1.500 exemplares, já estava esgotada. Rivail, agora Kardec, não se esquecia, porém, de que era unicamente o princípio de uma árdua jornada, como alertou o Espírito da Verdade:

"[...] a missão dos reformadores é prenhe de escolhos e perigos. Previno-te de que é rude a tua, porquanto se trata de abalar e transformar o mundo inteiro. Não suponhas que te baste publicar um livro, dois livros, dez livros, para em seguida ficares tranquilamente em casa. Tens de expor a tua pessoa."

(Allan Kardec, *Obras Póstumas*)

3.2 A Revista Espírita

Com o sucesso do livro, cujas vendas só aumentavam, Kardec passou a receber um grande volume de cartas de leitores, não apenas da França, mas de toda a Europa. Eram pessoas que relatavam o impacto da obra em suas vidas; que desejavam conhecer mais profundamente a nova Doutrina; que, após perdas de amigos ou familiares, buscavam conforto nas palavras dos Espíritos; que narravam casos de jovens internados em manicômios por apresentarem "sintomas de mediunidade".

Era preciso encontrar um meio de atender a todos, mas como?

A mente de Kardec é tomada por uma ideia, mas ele tem sobre ela muitas dúvidas. Decide, então, no dia 15 de novembro de 1857, aconselhar-se com a jovem médium de nome Ermance, na época com 16 anos, na casa de seu pai, o sr. Dufaux:

> "Pergunta – Tenho a intenção de publicar um jornal espírita: julgais que o conseguirei e me aconselhais a fazê-lo? A pessoa a quem me dirigi, sr. Tiedeman, não parece resolvida a me prestar o seu concurso pecuniário.
>
> Resposta – Conseguirás, com perseverança. A ideia é boa; preciso se faz, porém, deixá-la amadurecer mais.
>
> P. – Temo que outros me tomem a dianteira.
>
> R. – Importa andar depressa."
>
> (*Ibidem*)

Mas o que deve conter esse jornal? Qual deve ser seu teor? A quem deve dirigir-se?

Prossegue, então, Ermance:

> "De começo, deves cuidar de satisfazer à curiosidade; reunir o sério ao agradável: o sério para atrair os homens de Ciência, o agradável para deleitar o vulgo."
>
> (*Ibidem*)

Sem apoio financeiro, senão o de Amélie, Kardec confia nas orientações espirituais e, correndo todos os riscos, assume a edição do primeiro exemplar da *Revista Espírita*, lançado em 1.º de janeiro de 1858, em cuja capa se lê o seguinte subtítulo: *Jornal de Estudos Psicológicos*.

Todos os artigos foram escritos pelo próprio Kardec, que dizia ser a *Revista* uma tribuna livre, destinada a ponderações sobre as revelações do mundo invisível.

A *Revista* mostrou-se importante e imprescindível instrumento de divulgação do Espiritismo, estando sob responsabilidade e cuidado direto de Kardec desde o primeiro número até a edição de março de 1869, quando de seu retorno ao plano espiritual.

3.3. A Sociedade Parisiense de Estudos Espíritas

Preocupado com os princípios e com apropriada divulgação da recém-revelada Doutrina, Kardec passa a reunir-se, em companhia de Amélie, com alguns colaboradores interessados em estudar a *ciência espírita*, como ele próprio comumente a chamava.

Todas as terças-feiras, por volta de quinze convidados encontravam-se na rua Des Martyrs[17], número 8, não apenas para discutirem questões que mereciam maior atenção, mas também para servirem de intermediários a novas mensagens da Espiritualidade.

Com o tempo, o número de frequentadores aumentou significativamente, por vezes trinta ou mais, e a sala tornou-se pequena para comportar tanta gente e tantos fenômenos.

Era preciso um local mais amplo, uma espécie de centro de encontros, e entre os visitantes surgiu a ideia de alugar um novo espaço, o que deu origem ao *Círculo Parisiense de Estudos Espíritas*.

A situação na França, porém, era delicada. Em 1858, a capital estava sob o controle da Lei de Segurança Geral, por conta de um atentado sofrido por Napoleão III[18], cujo responsável aguardava a guilhotina. Reuniões particulares, como as promovidas por Kardec, eram

17 Todas as ruas mencionadas neste capítulo se encontram na região de Paris.

18 Napoleão III foi o primeiro presidente da Segunda República Francesa (1848 a 1852), implantando, em seguida, o Segundo Império Francês (1852 a 1870), do qual se fez imperador.

vistas com atenção e suspeita. Era preciso garantir às autoridades que o contexto de tais reuniões não era político.

Instruído pelo sr. Dufaux, Kardec escreve uma carta ao departamento de polícia:

> Ao senhor Prefeito de Polícia da cidade de Paris
>
> Sr. Prefeito
>
> Os membros fundadores do Círculo Parisiense de Estudos Espíritas, que solicitaram junto a vós a autorização necessária para constituir-nos em Sociedade, temos a honra de pedir-vos que consintais permitir-nos reuniões preparatórias, enquanto esperamos a autorização regular.
>
> H.-L.-D. Rivail, dito Allan Kardec

A permissão, contudo, não dependia exclusivamente do prefeito de polícia. Era necessário que o ministro do interior também autorizasse.

Segundo nos conta Kardec em *Obras Póstumas*, o *general X...*, simpatizante das ideias espíritas, interveio em favor de seu pedido e conseguiu que a autorização fosse obtida em apenas duas semanas, e não nos costumeiros três meses.

E assim, no dia 1.º de abril de 1858, oficializa-se a *Sociedade Parisiense de Estudos Espíritas*, situada no Palais-Royal, na galeria Valois. Permanece aí até 1.º de abril de 1859, quando passa a ocupar um dos salões do restaurante Douix, ainda no Palais-Royal, na galeria Montpensier. Em 1.º de abril de 1860, instala-se, por fim, em uma sede própria, na rua e passagem Sainte-Anne, número 59.

3.4. *O que é o Espiritismo?*

Como apoio em sua tarefa de divulgação da Doutrina, Kardec lança, em julho de 1859, um tipo de manual, com um título bastante apropriado: *O que é o Espiritismo?*

Diz-nos ele, logo na introdução:

"Para responder, desde já e sumariamente, à pergunta formulada no título deste opúsculo, diremos que:

O Espiritismo é, ao mesmo tempo, uma ciência de observação e uma Doutrina filosófica. Como ciência prática, ele consiste nas relações que se estabelecem entre nós e os Espíritos; como filosofia, compreende todas as consequências morais que dimanam dessas mesmas relações."

No primeiro capítulo, Kardec apresenta uma sucessão de diálogos entre ele próprio e três interlocutores: um crítico, um cético e um padre, que representam, em essência, o pensamento daqueles que o procuravam para questioná-lo ou mesmo contestá-lo. Nos outros dois capítulos, noções elementares do Espiritismo e soluções propostas pela Doutrina.

***

Alguns meses depois, em 18 de março de 1860, Kardec lança uma nova obra, um "novo" O *Livro dos Espíritos*, como ele mesmo costumava dizer.

As 501 perguntas da primeira versão davam, agora, lugar a 1019, devidamente acompanhadas de explanações, notas e comentários do próprio Kardec. A obra fora totalmente revista e cuidadosamente reformulada, sob orientação dos próprios Espíritos.

O primeiro livro, apenas uma "introdução", conforme lhe dissera um Espírito em uma de suas sessões com a jovem Baudin, estava, enfim, completo.

3.5. *O Livro dos Médiuns*

As reuniões na *Sociedade Parisiense de Estudos Espíritas* atraíam cada vez mais a atenção, assim como cada vez mais adeptos. Do mesmo modo, o número de assinantes da *Revista Espírita* só crescia. Somados à Europa, outros continentes ansiavam por notícias dos Espíritos. Ampliavam-se as fronteiras do Espiritismo.

Além de escrever os artigos da *Revista Espírita* e responder pessoalmente às cartas que não paravam de chegar, das mais polidas às mais grosseiras, Kardec também se ocupava com enfrentar adversários da imprensa, participar de palestras e debates, organizar reuniões e encontros, receber visitantes vindos de longe, tudo o que pudesse colaborar com a divulgação da Doutrina.

Muitos, também, eram os convites que chegavam a ele. Suas viagens tornaram-se mais constantes e, por conseguinte, mais distantes. Já não parava em Paris.

Sempre acompanhado de Amélie, Kardec percorreu muitas estradas a bordo de coches e carruagens nem sempre confortáveis, trepidando sobre buracos e inclinando-se nas curvas mais acentuadas.

Podiam-se observar os bons frutos do Espiritismo em grupos e sociedades que começavam a formar-se na França e fora dela. Segundo as contas do próprio Kardec, já somavam mais de cem.

Então, mesmo envolto em uma infinidade de tarefas e compromissos de divulgação da Doutrina, traz a público, em janeiro de 1861, *O Livro dos Médiuns*, destinado àqueles que tinham o interesse em compreender como se davam as comunicações com os Espíritos e em desenvolver suas faculdades mediúnicas.

3.6. O Auto de Fé[19] de Barcelona

O conhecimento da Doutrina crescia. Naquele mesmo ano, a pedido de Maurice Lachâtre, um amigo editor exilado em Barcelona, Kardec envia à Espanha trezentas obras espíritas, entre elas *O Livro dos Espíritos*, *O Livro dos Médiuns*, *O que é o Espiritismo?* e edições da *Revista Espírita*.

As obras, porém, nunca chegaram a Lachâtre. Apesar de todas as taxas alfandegárias terem sido devidamente pagas, foram confiscadas

---

[19] Cerimônia em que o Tribunal da Inquisição proclamava e executava suas sentenças. Por extensão de sentido, é a queima ou a destruição pelo fogo.

por ordem superior. Era preciso que o bispo de Barcelona, Antonio Palau y Termens, autorizasse sua liberação.

Kardec, indignado com o ato arbitrário, pensou em recorrer às autoridades superiores, mas acalmou-se após consultar o Espírito da Verdade:

"Pergunta – Não ignoras, sem dúvida, o que acaba de passar-se em Barcelona, com algumas obras espíritas. Quererás ter a bondade de dizer-me se convirá prosseguir na reclamação para restituição delas?

Resposta – Por direito, podes reclamá-las e conseguirias que te fossem restituídas, se te dirigisses ao ministro de estrangeiros da França. Mas, ao meu parecer, desse auto de fé resultará maior bem do que o que adviria da leitura de alguns volumes. A perda material nada é, a par da repercussão que semelhante fato produzirá em favor da Doutrina."

(Allan Kardec. *Obras Póstumas*)

A carga foi averiguada pelo bispo, e então o veredicto: Queimem!

Os livros, segundo ele, eram imorais e contrários à fé católica.

Nenhum argumento dissuadiu o bispo de sua decisão, e no dia 9 de outubro de 1861, em Barcelona, todas as obras foram queimadas.

Estava consumado o auto de fé.

Desde então, o Espiritismo progredira muito. Centros, clubes e sociedades continuavam a germinar. Onde havia mil espíritas, agora se encontravam dez mil.

Em 1862, para examinar o progresso já alcançado pela Doutrina e para ponderar sobre os próximos passos, Kardec empreende novas viagens; como de costume, em companhia de Amélie. Desta vez, seriam vinte cidades e quase 1.200 quilômetros, entre trens e carruagens. Quase dois meses de muito frio, chuva e neve, às portas do inverno francês.

E em meio a incontáveis afazeres e desafios desmedidos, prossegue Kardec em sua missão.

3.7 *O Evangelho segundo o Espiritismo*

Dois anos se passam até que, em abril de 1864, é publicado *O Evangelho segundo o Espiritismo*, cujo objetivo é grandioso: esclarecer passagens mais complexas das Sagradas Escrituras, como nos mostra Kardec no primeiro item da introdução:

"Muitos pontos dos Evangelhos, da Bíblia e dos autores sacros em geral são ininteligíveis, parecendo alguns até irracionais, por falta da chave que faculte se lhes apreenda o verdadeiro sentido. Essa chave está completa no Espiritismo (...)."

Além disso, pela primeira vez Kardec afirma, por escrito, ser a Doutrina Espírita a terceira revelação divina:

"A lei do Antigo Testamento teve em Moisés a sua personificação; a do Novo Testamento tem-na no Cristo. O Espiritismo é a terceira revelação da lei de Deus, mas não tem a personificá-la nenhuma individualidade, porque é fruto do ensino dado, não por um homem, sim pelos Espíritos, que são as vozes do Céu, em todos os pontos da Terra, com o concurso de uma multidão inumerável de intermediários. É, de certa maneira, um ser coletivo, formado pelo conjunto dos seres do mundo espiritual (...)."

A reação dos avessos à Doutrina não poderia ser outra: Blasfêmia!

A Igreja inclui a obra no *Index Librorum Prohibitorum*, a lista de livros proibidos, alegando ser contrário aos princípios bíblicos.

Kardec, desta vez, prefere evitar polêmicas. Ainda tem muito a fazer. Assim, prossegue em suas viagens em favor da divulgação do Espiritismo.

Sua saúde, porém, começa a dar sinais de debilidade. O peso das tarefas o leva à exaustão. Poucos sabiam, mas, no início de 1865, tivera um acidente cardiovascular que o levara à cama por vários dias.

Era necessário cuidar-se para que pudesse dar continuidade a sua missão, o que se comprova pela mensagem de teor sóbrio e preocupante que recebeu do amigo e médico homeopata, Antoine Demeure, falecido em janeiro daquele ano:

"(...) [você] se tornará culpado de homicídio voluntário se, por excesso de trabalho, contribuir para a falência de sua organização, que o ameaça de uma súbita partida para os nossos mundos."

(*Revista Espírita*. Março de 1865)

3.8. *O Céu e o Inferno*

Mesmo debilitado, Kardec mantém-se obstinado aos estudos e à divulgação da Doutrina, e em 1º de agosto de 1865 publica *O Céu e o Inferno*, que tem por subtítulo *A Justiça Divina segundo o Espiritismo.*

O livro, diferentemente dos anteriores, não trazia propriamente contribuições de Espíritos superiores, mas resultados de pesquisas em sua primeira parte, e relatos de vários Espíritos na segunda, alguns deles já publicados na *Revista Espírita.*

Kardec insiste nos poucos momentos de descanso, o que torna seu estado de saúde ainda mais precário e delicado.

Como alerta, em 23 de abril de 1866, recebe nova mensagem do dr. Demeure na *Sociedade Espírita*, que volta a salientar a necessidade de repouso, sem o qual não poderia cumprir sua tarefa.

Ele, por fim, compreende a seriedade da situação.

3.9. *A Gênese*

Kardec diminui acentuadamente o número de viagens e procura dedicar-se o mais possível à conclusão de um novo livro.

Ele, então, é concluído.

Em janeiro de 1868, vem à luz *A Gênese*, em cujo subtítulo se lê *Os Milagres e as Predições segundo o Espiritismo*.

Nesse livro, o último das obras básicas da Doutrina, encontramos a consolidação de suas revelações, como nos diz Kardec em seu primeiro capítulo:

"O Espiritismo, dando-nos a conhecer o mundo invisível que nos cerca e no meio do qual vivíamos sem o suspeitarmos, assim como as leis que o regem, suas relações com o mundo visível, a natureza e o estado dos seres que o habitam e, por conseguinte, o destino do homem depois da morte, é uma verdadeira revelação, na acepção científica da palavra."

3.10. Missão Cumprida

No ano seguinte à publicação de *A Gênese*, Kardec procurava calcular o número de espíritas no mundo. Não havia estatísticas oficiais, mas estimava entre seis ou sete milhões.

Diz ele em um discurso na *Sociedade Espírita*:

Mesmo que fosse só a metade, a história não oferece nenhum exemplo de uma Doutrina que, em menos de quinze anos, reuniu tal número de adeptos, disseminados pela superfície inteira do globo.

(*Revista Espírita.* Janeiro de 1869.)

Em meados de março daquele ano, Kardec estava animado. A partir de 1.º de abril, ele e Amélie se mudariam para a Villa Ségur, número 39, onde haviam comprado um terreno e tinham planos de construir um museu e uma biblioteca dedicados a obras relacionadas ao Espiritismo, assim como pequenas moradias que serviriam de asilo.

É véspera da mudança. No apartamento, móveis e caixas esperam pelo transporte ao novo endereço.

A campainha toca. Kardec, sozinho, atende. É um caixeiro em busca de exemplares da *Revista Espírita.*

Ele os entrega e, sem nenhuma palavra, curva-se sobre si mesmo e cai.

"Sozinho em sua casa (rua Sainte-Anne), Kardec punha em ordem seus livros e papéis para a mudança que se vinha processando e que deveria terminar amanhã. Seu empregado, aos gritos da criada e do caixeiro, acorreu ao local, ergueu-o... nada, nada mais. Delanne[20] acudiu com toda a presteza, friccionou-o, magnetizou-o, mas em vão. Tudo estava acabado."

(Trecho da carta de E. Muller, amigo de Kardec, informando de sua morte aos companheiros espíritas. In: Edson Audi. *Vida e Obra de Allan Kardec.*)

No dia 31 de março de 1869, o professor Hippolyte Léon Denizard Rivail, educador catedrático e propagador da Doutrina Espírita sob o nome de Allan Kardec, havia finalmente concluído sua missão e retornava, agora, ao mundo de onde colhera as sementes de sua obra.

3.11. O Espiritismo no Meio Acadêmico e Científico

Muitos foram os intelectuais, dos mais variados ramos do conhecimento humano, junto aos quais os fenômenos espíritas encontraram abrigo e difusão, dentro e fora da França.

Entre eles, alguns nomes merecem relevo, como os franceses Camille Flammarion, Albert de Rochas, Gabriel Delanne, Charles Richet, Gustave Geley e Léon Denis; os ingleses William Crookes, Oliver Lodge e Frederic Myers; os italianos Cesare Lombroso e Ernesto Bozzano; o escocês Arthur Conan Doyle; o galês Alfred Russel Wallace; o alemão Johann Karl Friedrich Zöllner e o russo Alexandre Aksakof.

[20] Alexandre Delanne, amigo pessoal de Kardec e pai do notório pesquisador espírita Gabriel Delanne, na época ainda uma criança.

Suas pesquisas, direta ou indiretamente, ampliaram o alcance e o reconhecimento da revelação dos Espíritos. Para isso, contaram, naturalmente, com a ajuda de um grande número de médiuns, sobretudo de efeitos físicos, tão necessários em uma época de grande ceticismo e incredulidade. Nomes como Andrew Jackson Davis, Eusápia Palladino, Florence Cook, Daniel Dunglas Home, os irmãos Davenport, Emma Harding Britten, Madame d'Esperance, Charles H. Foster, entre outros, não podem deixar de ser mencionados.

3.12. Referências Bibliográficas:

AUDI, Edson. *Vida e Obra de Allan Kardec*. 3ª ed. Lachâtre, 2013. p. 70-120.

KARDEC, Allan. Introdução. Prolegômenos. In: *O Livro dos Espíritos*. Tradução de Guillon Ribeiro. 93ª ed. FEB.

KARDEC, Allan. Introdução. In: *O Livro dos Médiuns*. Tradução de Guillon Ribeiro. 71ª ed. FEB.

KARDEC, Allan. Introdução. In: *O Evangelho segundo o Espiritismo*. Tradução de Guillon Ribeiro. 120ª ed. FEB.

KARDEC, Allan. *O Céu e o Inferno*. Tradução de Manuel Justiniano Quintão. 57ª ed. FEB, 1a parte.

KARDEC, Allan. Introdução. Caráter da revelação espírita. In: *A Gênese*. Tradução de Guillon Ribeiro. 48ª ed. FEB, cap. 1.

KARDEC, Allan. Noções Elementares de Espiritismo. In: *O Que é o Espiritismo*. Tradução da Redação de Reformador em 1884. 56ª ed. FEB, cap. 2.

KARDEC, Allan. Extratos, in extenso, do livro das Previsões concernentes ao Espiritismo. In: *Obras Póstumas*. Tradução de Guillon Ribeiro. 41ª ed. FEB, 2.a parte.

KARDEC, Allan. Introdução. In: *Revista Espírita*. Tradução Evandro Noleto Bezerra, ano 1, nº 1, jan. 1858. FEB.

KARDEC, Allan. Resquícios da Idade Média. In: *Revista*

Espírita. Tradução Evandro Noleto Bezerra, ano 4, n. 11, nov. 1861. FEB.

KARDEC, Allan. Extrato do Jornal do Commercio do Rio de Janeiro. In: *Revista Espírita.* Tradução Evandro Noleto Bezerra, ano 7, nº 7, jul. 1864. FEB.

KARDEC, Allan. Necrológio. In: *Revista Espírita*. Tradução Evandro Noleto Bezerra, ano 8, nº 3, mar. 1865. FEB.

KARDEC, Allan. Dissertações espíritas. In: *Revista Espírita.* Tradução Evandro Noleto Bezerra, ano 9, nº 5, mai. 1866. FEB.

KARDEC, Allan. Estatística do Espiritismo. In: *Revista Espírita.* Tradução Evandro Noleto Bezerra, ano 12, nº 1, jan. 1869. FEB.

MAIOR, Marcel Souto. *Kardec: A Biografia*. 10ª ed. Rio de Janeiro. Record, p. 71-360.

SAUSSE, Henri. Biografia de Allan Kardec. In: *O Que é o Espiritismo*. Tradução da Redação de Reformador em 1884. 56ª ed. FEB.

Capítulo 4

Esboço de *O Livro dos Espíritos*

4.1. Contexto Histórico

O Livro dos Espíritos foi lançado em 18 de abril de 1857, representando um marco de luz que anunciava o advento de uma nova era, a era do Espírito. Naquele momento histórico prevalecia na comunidade intelectual europeia, o Iluminismo[21], movimento intelectual e filosófico que defendia ideias como liberdade, progresso, tolerância, fraternidade, governo constitucional e, com base na ciência da época, deixava clara a intenção de separação entre o pensamento científico e racional do bíblico-religioso.

Ele vem como pioneiro na disseminação inicial das bases do Espiritismo, trazendo ensinamentos com alicerces morais (religião), lógica de comprovação racional (ciência) e proposições sobre nossa evolução (filosofia).

Nele se cumpre a promessa do Consolador, anunciado por Jesus:

"Se pedirdes alguma coisa em meu nome, eu o farei. Se me amais, guardai os meus mandamentos. E eu rogarei ao Pai, e ele vos dará outro Consolador, para que fique convosco para sempre; O Espírito de verdade, que o mundo não pode receber, porque não o vê nem o conhece;

---

[21] *Iluminismo*: é uma filosofia e um movimento cultural, originado na Inglaterra, de onde se expande para os demais países europeus, convencionalmente se acredita que se iniciou entre a revolução inglesa de 1688 e a revolução francesa de 1789. Do ponto de vista filosófico, esse é o período do pensamento iluminista, que aspira à emancipação do homem e de toda a humanidade por meio das luzes da razão. A ruptura que então se estabelece com a tradição metafísica não tem precedente. O essencial para o pensamento iluminista é a afirmação da autonomia da razão e o livre-pensamento.

mas vós o conheceis, porque habita convosco, e estará em vós. Não vos deixarei órfãos; voltarei para vós."

João, 14:14-18

Em *O Livro dos Espíritos* como em todo espectro da obra conhecida como codificação kardequiana, fica claro não a intenção de convencer pessoas céticas, materialistas ou mesmo dos religiosos dogmáticos que sempre vão existir, mas sim dar oportunidade para pessoas com a mente aberta, a fé raciocinada que auxilia no desenvolvimento da Espiritualidade racional dos novos tempos e que tem, em seu âmago, notável poder de impulso para renovação do ser humano. A ideologia apresentada pelos Espíritos estava baseada na fé e na razão.

Como esclarece o professor J. Herculano Pires, na introdução que incluiu em sua tradução de *O Livro dos Espíritos*, quando o mundo se preparava para sair do caos das civilizações primitivas, apareceu Moisés, e de suas mãos surgiu a **Primeira Revelação.** Mais tarde, quando essa revelação já integrava a tradição de um povo, e esse povo já se dispersava por outras nações, espalhando a nova lei, apareceu Jesus, e, de suas palavras e exemplos surgiu o Evangelho, a **Segunda Revelação.**

Assim como no Antigo Testamento já se anunciava o Evangelho, também neste aparecia a predição de um novo código, que surgiu pelo trabalho de Allan Kardec, sob orientação do Espírito da Verdade, quando o mundo entrava numa nova fase de desenvolvimento.

A mensagem amorosa do Cristo ilumina as demais revelações, ajudando a compreender Moisés e fornecendo as bases para a mensagem codificada por Kardec.

4.2. Os Quatro Livros

- *O Livro dos Espíritos* se divide em quatro livros.
- **Livro Primeiro** — que se refere a Deus, à criação e aos elementos gerais do Universo.

- **Livro Segundo** — que versa sobre os Espíritos, as reencarnações, a vida espírita, a emancipação da alma e assuntos correlatos.
- **Livro Terceiro** — que aborda as leis morais.
- **Livro Quarto** — que focaliza o tema esperanças e consolações.

Ao analisar a codificação espírita – o pentateuco codificado por Kardec – composta pelos seguintes livros:

- *O Livro dos Espíritos* (1857)
- *O Livro dos Médiuns* (1861)
- *O Evangelho segundo o Espiritismo* (1864)
- *O Céu e o Inferno* (1865)
- *A Gênese* (1868)

Concluimos que *O Livro dos Espíritos* é a espinha dorsal do Espiritismo. Nele se condensa toda a base da Doutrina. Nos demais estão desdobramentos, aclaramentos, elucidações, lições complementares que aumentam a compreensão e agregam ainda mais conhecimento.

Há uma análise muito interessante feita pelo professor Herculano Pires, demonstrando que todos os livros da codificação podem ser identificados em *O Livro dos Espíritos,* deixando claro que o espiritualismo formalista, poético e distante das realidades humanas havia chegado ao fim com a proposta de um espiritualismo científico.

"Assim como, na Bíblia, há o núcleo central do Pentateuco, e no Evangelho, o do ensino moral do Cristo, em *O Livro dos Espíritos* podemos encontrar uma parte que se refere a ele mesmo, ao seu próprio conteúdo: é o constante dos Livros I e II, até o capítulo quinto. Esse núcleo representa, dentro da esquematização geral da codificação, que encontramos no livro, a parte que a ele corresponde. Quanto aos demais, verificamos o seguinte:

1º) *O Livro dos Médiuns*, sequência natural deste livro, que trata especialmente da parte experimental da Doutrina, tem a sua fonte no Livro

II, a partir do capítulo sexto até o final. Toda a matéria contida nessa parte é reorganizada e ampliada naquele livro, principalmente a referente ao capítulo nono: 'Intervenção dos Espíritos no mundo corpóreo'.

2º) *O Evangelho segundo o Espiritismo* é uma decorrência natural do Livro III, em que são estudadas as leis morais, tratando-se especialmente da aplicação dos princípios da moral evangélica, bem como dos problemas religiosos da adoração, da prece e da prática da caridade. Nessa parte o leitor encontrará, inclusive, as primeiras formas de 'Instruções dos Espíritos', comuns àquele livro, com a transcrição de comunicações por extenso e assinadas, sobre questões evangélicas.

3º) *O Céu e o Inferno* é resultado do Livro IV, 'Esperanças e Consolações', em que são estudados os problemas referentes às penas e aos gozos terrenos e futuros, inclusive com a discussão do dogma das penas eternas e a análise de outros dogmas, como o da ressurreição da carne, e os do paraíso, inferno e purgatório.

4º) *A Gênese, os Milagres e as Predições* relaciona-se aos capítulos II, III e IV do Livro I, e capítulos IX, X e XI do Livro II, assim como as partes dos capítulos do Livro III que tratam dos problemas genésicos e da evolução física da Terra. Por seu sentido amplo, que abrange ao mesmo tempo as questões da formação e do desenvolvimento do globo terreno, e as referentes a passagens evangélicas e escriturais, esse livro da Codificação se ramifica de maneira mais difusa que os outros, na estrutura da obra máter.

5º) Os pequenos livros introdutórios ao estudo da Doutrina, *O Principiante Espírita* e *O que é o Espiritismo*, que não se incluem propriamente na Codificação, também eles estão diretamente relacionados com *O Livro dos Espíritos*, decorrendo da 'Introdução' e dos 'Prolegômenos'.

A codificação se apresenta, pois, como um todo homogêneo e consequente. À luz desse estudo, caem por terra as tentativas de separar um ou outro livro do bloco na Codificação, como possível expressão de uma forma diferente de pensamento."

Sendo, portanto, *O Livro dos Espíritos* obra básica, deve ser lido, estudado, meditado e relido constantemente. Deve estar sempre sob nossa vista, como fonte de consulta permanente e referência para a base de toda a Doutrina.

O Livro dos Espíritos não se enquadra em qualquer dos sistemas, entre os inúmeros existentes (filosófico, teológico, científico etc.) no campo do conhecimento humano, pois, caso contrário, estaria subjugado às exigências e limitações deles. Mesmo sem essa classificação, estuda assuntos filosóficos em amplitude e profundidade, pois ele é a filosofia de uma ciência experimental e não especulativa. Hoje em dia há muita matéria a respeito dos conteúdos dessa obra, mas a sua leitura reitera a completude e amplidão de seus conceitos que são apenas complementados pelos novos estudos.

O Livro dos Espíritos, em seu aspecto didático, supera todas as dificuldades, ao ensinar por meio de perguntas e respostas. Destaca-se, para isso, a habilidade do pedagogo Rivail. O livro é apresentado de tal forma que a assimilação, embora em variados graus de profundidade, está ao alcance de todos.

É importante ressaltar que ele mesmo explica sua metodologia de desenvolvimento da codificação na Introdução dessa obra – Prolegômenos. Este é importantíssimo para a compreensão não apenas do método, mas de todos os acontecimentos e conceitos usados na Doutrina.

Uns assimilam mais, outros menos, e, por aproximações sucessivas em leituras, meditações e vivência dos ensinamentos, é possível se aprofundar cada vez que se relê o livro.

O Livro dos Espíritos elege o diálogo que, sem dúvida, é a forma mais válida para chegar a conclusões verdadeiras. As teses são apresentadas dando origem às antíteses, e, do confronto de ambas, surge harmoniosa síntese.

O Livro dos Espíritos concentra-se em sua finalidade redentora, enfatizando em seus ensinamentos a necessidade de renovação moral. Por isso, foge ao academismo, para, em linguagem simples, levar a todos **a grande mensagem.**

4.3. As Duas Edições de *O Livro dos Espíritos*

É interessante notar que *O Livro dos Espíritos* foi editado em 18 de abril de 1857, tendo havido, entretanto, uma segunda edição que data de 18 de março de 1860, que se tornou a versão definitiva.

Curiosamente podemos observar que as duas edições são distintas, o que pode ser explicado de acordo com as palavras do próprio Kardec:

"Na primeira edição deste trabalho, anunciamos uma parte suplementar. Ela devia se compor de todas as questões que não couberam nele, ou que circunstâncias ulteriores e novos estudos fizessem nascer. Como, porém, são todas relativas a uma qualquer das partes tratadas, das quais são desdobramento, sua publicação isolada não apresentaria nenhuma sequência. Preferimos esperar a reimpressão do livro para fundir tudo juntamente, e aproveitamos o ensejo para introduzir na distribuição das matérias outra ordem muito mais metódica, ao mesmo tempo que decepamos tudo quanto importava em lição dúplice. Esta reimpressão pode, pois, ser considerada como trabalho novo, embora os princípios não tenham sofrido nenhuma alteração, salvo pequeníssimo número de exceções, que são antes complementos e esclarecimentos que verdadeiras modificações".

A missão de Kardec era delicada. Era imperioso que a Doutrina dos Espíritos, como derradeira esperança, fosse implantada. A primeira edição serviu como um teste para aferir a aceitação dos ensinamentos espíritas, por parte do público, na forma em que eram apresentados.

O codificador, homem dotado de larga visão, percebendo os pontos em relação aos quais a humanidade não reunia condições para assimilá-los, sentiu a necessidade de reformular a forma de apresentá-los, sem, contudo, alterar a essência doutrinária.

As principais diferenças entre as duas edições são:

1. a primeira edição contém 501 perguntas, a segunda apresenta 1019;

2. na primeira edição encontramos os dizeres **"Escrito e publicado conforme ditado e à ordem de Espíritos Superiores"**; na segunda: **"Os princípios da Doutrina Espírita segundo o ensinamento dado pelos Espíritos Superiores por intermédio de diversos médiuns, recolhido e posto em ordem por Allan Kardec... Segunda edição, inteiramente refundida e consideravelmente aumentada".**

As distinções apontadas se prestam a esclarecer que *O Livro dos Espíritos* é apenas um. O que ocorreu na segunda edição foi um melhoramento.

4.4. Referências Bibliográficas:

KARDEC, Allan. *O Primeiro Livro dos Espíritos* (texto bilíngue editado e traduzido pelo doutor Canuto Abreu), Companhia Editora Ismael.

KARDEC, Allan. *O Livro dos Espíritos*. Livro Segundo e Introdução. Tradução J. Herculano Pires. 68ª ed. Editora LAKE

WANTUIL, Zêus e THIESEN, Francisco. *Allan Kardec,* FEB.

Capítulo 5

Os Aspectos da Doutrina Espírita

5.1. Introdução

A codificação da Doutrina Espírita, propiciada por Allan Kardec em meados do século XIX abriu as portas para o estudo e vivência de uma coleção de ensinamentos eternos que acolhem e engajam diversas formas de compreender o divino, as forças que regem o universo, explicando com vieses diferenciados as mesmas verdades. Com uma linguagem e lógica que satisfazem as mentes filosóficas e científicas e que, ao mesmo tempo, abraçam os corações e necessidades dos que pedem a religiosidade como pano de fundo aos seus caminhos, a Doutrina Espírita traz estas três frentes como sua base.

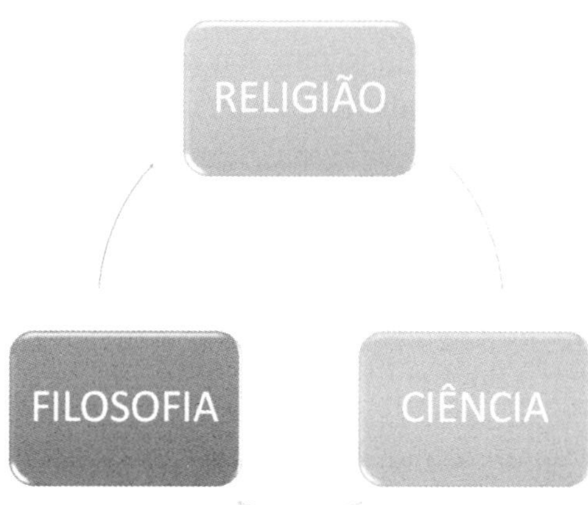

5.2. Ciência

"1 – Tem o Espiritismo absoluta necessidade da ciência terrestre?

— Essa necessidade de modo algum pode ser absoluta. O concurso científico é sempre útil, quando oriundo da consciência esclarecida e da sinceridade do coração. Importa considerar, todavia, que a ciência do mundo se não deseja continuar no papel de comparsa da tirania e da destruição, tem absoluta necessidade do Espiritismo, cuja finalidade divina é a iluminação dos sentimentos, na sagrada melhoria das características morais do homem."

(*O Consolador*, F.C.X./Emmanuel, pergunta 1)

Podemos definir **Ciência** como um conjunto de verdades logicamente encadeadas entre si, formando um sistema coerente. Trata-se do conhecimento das coisas por suas causas e por suas leis. Qualquer conhecimento ou prática sistemáticos. Em sentido estrito, ciência refere-se ao sistema de adquirir conhecimento baseado no método científico bem como ao corpo organizado de conhecimento conseguido por meio de pesquisas. Este capítulo adota o sentido mais estrito da palavra.

O método científico não se contenta, portanto, em apreender o fato; aprofunda-se para achar a razão do fato, adentrando a essência do fenômeno.

Deduzimos que a Ciência tem sua origem na curiosidade natural do homem ou, em outras palavras, na sua necessidade de compreender e explicar as coisas.

Ciência representa todo o conhecimento adquirido por meio do estudo, pesquisa ou da prática, baseado em princípios certos. Esta palavra deriva do latim *scientia*, cujo significado é "conhecimento" ou "saber".

Mas, o que se chama ciência, muitas vezes tem como objeto de estudo algo que nem sempre apresenta uma comprovação material, ficando no campo da teoria, mas que pode ser perfeitamente aceita pela comunidade científica. Portanto, em ciência se chega a muitas conclusões apenas levantando hipóteses. A constituição de hipóteses é fundamental para a elaboração do conhecimento científico, e isto inclui o caso de ciências humanas como a Sociologia, Antropologia, História, Geografia, Psicologia, Educação, Letras, entre outras.

O Espiritismo, ao examinar os fatos segundo métodos especialmente adaptados para pesquisar a existência do Espírito e sua intervenção no mundo corpóreo, e reunir os resultados em um sistema de verdades providas de um encadeamento lógico, demonstra-se como Ciência.

Até o advento da Terceira Revelação, os problemas espirituais eram tratados de maneira empírica, e as religiões, sem uma alternativa, deslocavam as questões do Espírito para o terreno do mistério ou do dogma. O Espiritismo mostrou que podemos abordar tais problemas por meio da razão.

Segundo o professor Herculano Pires, antes do surgimento de *O Livro dos Espíritos*, havia o que pode ser chamado de "espiritualismo utópico" e tudo o que vem com ele e depois dele, seguindo a sua linha doutrinária, "espiritualismo científico".

A Ciência Espírita transparece nas páginas de *O Livro dos Espíritos* e demais obras da Codificação; contudo, se encontra condensada em *A Gênese*, conforme veremos nas aulas seguintes.

O aspecto científico é importante e fundamenta toda a edificação religiosa em conformidade com as leis naturais. **Mistério** e **sobrenatural** são palavras desconhecidas no vocabulário espírita, pois para tudo há uma explicação, uma causa lógica. É a Ciência Espírita que enseja a construção de uma **fé inabalável, que pode enfrentar a razão face a face.**

Kardec soube estruturar o Espiritismo como ciência ao comparar, refletir, aplicar o método experimental e estruturar um pensamento progressista sobre a questão espiritual:

"O objeto especial do Espiritismo é o conhecimento das leis do princípio espiritual, (...) uma das forças da natureza, que reage incessante e reciprocamente sobre o princípio material."

(*A Gênese*, Cap. 1, item 16).

E ainda no mesmo trecho de sua obra ele nos traz a afirmativa que sintetiza a humildade e a eterna evolução do conhecimento humano: "*o Espiritismo e a Ciência se completam um ao outro: a Ciência, sem o Espiritismo, se encontra impotente para explicar certos fenômenos somente pelas leis da matéria; ao Espiritismo, sem a Ciência, faltaria o apoio e o controle*".

5.3. Filosofia

"**115** – É a Filosofia a interpretação sintética de todas as atividades do Espírito em evolução na Terra?

— A Filosofia constitui, de fato, a súmula das atividades evolutivas do Espírito encarnado, na Terra. Suas equações são as energias que fecundam a Ciência, espiritualizando-lhe os princípios, até que unidas umas à outra, indissoluvelmente, penetrem o átrio divino das verdades eternas."

(*O Consolador* Espírito: Emmanuel –

Médium: Francisco Cândido Xavier)

A palavra **Filosofia** procede do grego e equivale a **amor à sabedoria.** Trata-se de uma reflexão sobre o próprio comportamento humano e a aspiração a uma concepção racional do Universo. É um conjunto de concepções, práticas ou teóricas, acerca do ser, dos seres, do homem e de seu papel no universo. Inclui uma atitude reflexiva, crítica ou especulativa, de elaboração de tais concepções.

O objetivo principal, da filosofia é nos ajudar a refletir (pensar, raciocinar) sobre os assuntos que desejamos conhecer e entender.

Ora, face ao exposto é desnecessário comprovarmos o caráter filosófico da Doutrina Espírita, assim como será dispensável demonstrarmos que *O Livro dos Espíritos* constitui o arcabouço filosófico do Espiritismo.

O Espiritismo não é um sistema filosófico[22], isto é, não é apenas um conjunto de ideias baseado nas teorias de um ou mais filósofos. Nesses sistemas, a junção desses pensamentos teóricos constitui um "sistema filosófico", por exemplo: Antropocentrismo, Baconismo, Cartesianismo, Fenomenalismo e outros.

Em *O Livro dos Espíritos* encontramos aclaramentos profundos sobre o que diz respeito à concepção do **eu** e do **Universo.**

Inicia os temas com a metafísica[23]. Em seguida aborda a cosmologia[24], para depois se aprofundar em psicologia. Em seguida disserta sobre os problemas do Espírito, na origem e natureza; ilumina o discutido tema de vida após a morte, para concluir com maravilhosa incursão no campo das leis morais. E o livro se encerra com as considerações de ordem teológica sobre as penas e gozos futuros e a intervenção de Deus na vida humana.

5.4. Religião

"**260** – Em face da Ciência e da Filosofia, como interpretar a Religião nas atividades da vida?

— Religião é o sentimento Divino, cujas exteriorizações são sempre o Amor, nas expressões mais sublimes. Enquanto a Ciência e a Filosofia operam o trabalho da experimentação e do raciocínio, a Religião edifica e ilumina os sentimentos.

As primeiras se irmanam na Sabedoria, a segunda personifica o Amor, as duas asas divinas com que a alma humana penetrará, um dia, nos pórticos sagrados da Espiritualidade."

(*O Consolador* Espírito: Emmanuel –
Médium: Francisco Cândido Xavier)

---

[22] *Sistema Filosófico*: Um sistema, organizado de ideias filosóficas, muitas vezes baseado em ideias de vários filósofos ou fontes filosóficas para compreensão de um determinado tema.

[23] *Metafísica*: subdivisão fundamental da filosofia, caracterizada pela investigação das realidades que transcendem a experiência sensível, capaz de fornecer um fundamento a todas as ciências particulares, por meio da reflexão a respeito da natureza primacial do ser; filosofia primeira.

[24] *Cosmologia*: ramo da astronomia que estuda a estrutura e a evolução do universo em seu todo, preocupando-se tanto com a origem quanto com a evolução dele.

O conceito de Religião, segundo Léon Denis, é o esforço da Humanidade para se comunicar com a essência eterna e infinita, e, de acordo com Emmanuel, trata-se de um sentimento divino que clarifica o caminho das almas.

Aprendemos que toda religião deve traduzir-se por atos, e o conjunto de atos pelos quais a religião se exprime denomina-se **culto**.

O culto pode ser interior, compreendendo a nossa renovação íntima; e exterior, que se traduz no trabalho que realizamos em favor do próximo.

5.5. O Aspecto Religioso e sua Importância

Assim sendo, podemos concluir que o Espiritismo é uma religião, além de ser ciência e filosofia.

Ao analisarmos o tríplice aspecto da Doutrina e indagarmos qual deles é o de maior importância, temos a resposta de Emmanuel:

"Podemos tomar o Espiritismo, simbolizado desse modo, como um triângulo de forças espirituais.

A ciência e a filosofia vinculam à Terra essa figura simbólica, porém, a religião é o ângulo divino que a liga ao céu. No seu aspecto científico e filosófico, a Doutrina será sempre um campo nobre de investigações humanas, como outros movimentos coletivos, de natureza intelectual, que visam o aperfeiçoamento da humanidade. No aspecto religioso, todavia, repousa a sua grandeza divina, por constituir a restauração do Evangelho de Jesus Cristo, estabelecendo a renovação definitiva do homem, para a grandeza do seu imenso futuro espiritual."

Em outra citação, diz-nos Emmanuel: "Em Espiritismo, a ciência indaga, a filosofia conclui e o evangelho ilumina... A ciência e a filosofia são os meios, o evangelho é o fim".

Sobre o culto interior esclarece-nos Emmanuel:

"Espiritismo sem edificação do homem interior é simples fenômeno, e de fenômenos estão repletos todos os recantos da vida."

Outro ensinamento de Emmanuel que enfatiza o caráter religioso como o mais importante:

"O Espiritismo com Jesus é ciência divina de aperfeiçoamento da unidade a refletir-se na melhoria do todo".

Como contribuição à tese de que o aspecto religioso da Doutrina Espírita deve ter a prevalência, observem a situação do mundo em que vivemos. Façamos um balanço das maiores conquistas e dos maiores fracassos e veremos que o homem terrestre se notabiliza por seus feitos e avanços científicos, mas é incompetente para prodigalizar o bem, a paz e a solidariedade. O ódio é decorrência do separatismo, e a fraternidade ainda é um sentimento limitado e restrito a pequenos grupos.

Se a Terra fosse um planeta atrasado, onde vivesse uma humanidade de boa índole, mas de grande preguiça mental, e a ignorância e o desconforto material predominassem, o aspecto científico do Espiritismo seria o mais importante e necessário nesse mundo hipotético. Porém é outra a realidade atual.

E, para finalizarmos este capítulo, mais uma lição de Emmanuel, que nos enseja profundas meditações:

"O Espiritismo é o Consolador prometido por Jesus aos homens, e que deveria aparecer quando a Humanidade estivesse apta a compreender o seu ensinamento velado nas parábolas... é a síntese maravilhosa que abrange todas as atividades humanas, no sentido de aperfeiçoá-las para o bem comum... na sua missão de Consolador, é o amparo do mundo neste século de declive. Só ele pode, em sua feição de Cristianismo redivivo, apontar aos homens o seu verdadeiro caminho."

5.6. Alguns Colaboradores que Ajudaram a Evoluir o Espiritismo

Nicolas Camille Flammarion, mais conhecido como **Camille Flammarion** (1842 - 1925), foi um astrônomo, pesquisador psíquico e divulgador científico francês. Importante pesquisador e popularizador da astronomia, recebeu notórios prêmios científicos e foi homenageado com a nomenclatura oficial de alguns corpos celestes. Sua carreira na pesquisa e popularização de fenômenos paranormais também é bastante notória. Camille Flammarion também é notável por ter sido um dos primeiros pesquisadores psíquicos e espíritas, tendo desenvolvido extensa atividade nessas áreas. Em um discurso proferido na pioneira associação parapsicológica Society for Psychical Research em 1923, ano em que presidiu a associação, Flammarion resumiu seus pontos de vista depois de anos de investigação própria sobre fenômenos paranormais. Ele afirmou que acreditava em telepatia, duplo etérico, teoria da fita de pedra e raras manifestações mediúnicas. Abordou o Espiritismo, a pesquisa psíquica e a reencarnação do ponto de vista do método científico, escrevendo: "É somente pelo método científico que podemos progredir na busca da verdade. A crença religiosa não deve tomar o lugar da análise imparcial. Devemos estar constantemente em guarda contra as ilusões". Foi membro da Sociedade Parisiense de Estudos Espíritas. Próximo de Kardec, o astrônomo discursou em seu enterro, afirmando que o mesmo era o "bom senso encarnado" e "[...]Senhores, o Espiritismo não é uma religião, mas é uma ciência, ciência da qual conhecemos apenas o a b c". Algumas de suas obras são: *L'Inconnu et les problèmes psychiques* (O Desconhecido e os Fenômenos Psíquicos), 1917; *La Mort et son mystère* (A Morte e o Seu Mistério), 1917; *Les Maisons Hantées* (As Casas Mal-Assombradas), 1923.

Léon Denis (1846 - 1927) foi um pensador espírita, médium e um dos principais continuadores do Espiritismo após a morte de Allan

Kardec. Fez conferências por toda a Europa em congressos internacionais espíritas e espiritualistas, defendendo ativamente a ideia da sobrevivência da alma e suas consequências no campo da ética nas relações humanas. É conhecido como sendo o "consolidador do Espiritismo" em toda a Europa, bem como "apóstolo do Espiritismo", dadas as suas qualidades intrínsecas de estudioso do Espiritismo. Algumas de suas obras são: *Cristianismo e Espiritismo* (FEB), *Depois da Morte* (FEB); *Espíritos e Médiuns* (CELD); *Joana D'Arc, Médium* (FEB).

François-Marie Gabriel Delanne (1857 - 1926) foi um engenheiro francês e um dos primeiros pesquisadores espíritas notórios. Intelectual renomado, sua pesquisa sobre a mediunidade se destaca no contexto do problema mente-corpo. Algumas de suas obras são: *Le Spiritisme devant la Science* (O Espiritismo perante a Ciência). Paris: Ed. J. Meyer (B.P.S.), 1885; *Le Phénomène Spirite* (O Fenômeno Espírita). Paris: Ed. J. Meyer (B.P.S.), 1893; *L'Évolution Animique* (A Evolução Anímica). Paris: Ed. J. Meyer (B.P.S.), 1895; *L'Âme est Immortelle* (A Alma é Imortal). Paris: Ed. J. Meyer (B.P.S.), 1897; *Recherches sur la Médiumnité* (Pesquisas sobre Mediunidade). Paris: Ed. J. Meyer (B.P.S.), 1898.

Ernesto Bozzano (1862-1943) foi um professor de filosofia da ciência na Universidade de Turim e pesquisador espírita italiano. Destacou-se como um contribuinte ativo na literatura italiana e francesa sobre fenômenos paranormais a partir da virada do século XIX até o início dos anos 1940. Foi um dos poucos pesquisadores italianos nomeados membros honorários da Society for Psychical Research (SPR), American Society for Psychical Research (ASPR) e Institut Métapsychique International (IMI). Em 1891 começou a se ocupar da telepatia e principalmente do Espiritismo, assuntos que interessavam àquele tempo tanto a estudiosos da Europa quanto da América. Algumas de suas obras são: *Hipótese espírita e teoria científica*, 1903; *Dos casos de identificação espírita*, 1909; *Metapsíquica Humana*, 1927; *A Crise da Morte*, 1930-52.

5.7. Referências Bibliográficas:

HESSEN, Johannes. *Teoria do Conhecimento*, Introdução. Ed. Armênio Amado.

KARDEC, Allan. *O Livro dos Espíritos*, Introdução de J. Herculano Pires, Ed. LAKE.

XAVIER, F. C./Emmanuel. *O Consolador*, 1941, FEB, perguntas nos. 1, 115, 260. FEB

XAVIER, F. C./ Autores Variados. *Coletânea do Além*. 1945, Ed. LAKE.

XAVIER, F. C./ Autores Variados. *Doutrina e Aplicação*. 1989, Ed. CEU.

Capítulo 6

O Espiritismo no Brasil

6.1. Introdução

As grandes ideias no campo da filosofia, da política e da religiosidade não nascem da noite para o dia. Elas precisam de preparo, de cuidados por parte daqueles que vão implantá-la, que vão oferecê-la às sociedades.

Todos os processos religiosos que se conhece, ao longo da história mundial, tiveram de ter o devido preparo para florescer.

Com o Espiritismo não foi diferente. Após todo o desenvolvimento de suas ideias na Europa, percebeu-se que, com o tempo, entraram no ostracismo, pois os continuadores da obra de Allan Kardec na Europa não conseguiram dar prosseguimento ao projeto espiritual que lhe fora entregue pela Espiritualidade Superior.

Mas é visível que sua estrutura foi toda desenvolvida para algo maior do que uma proposta espiritualista que atendesse apenas ao intelectualismo europeu.

A migração das obras de Kardec, da França para o Brasil, se deu por um processo logístico espiritual muito interessante. Sem dúvida, uma ação concatenada entre os dois mundos – material e espiritual –, para que todo o esforço de seus idealizadores, começando no plano espiritual e se concretizando no plano físico, não configurasse apenas uma história sem que todos os capítulos fizessem parte deste grande enredo espiritual por meio de uma sequência lógica de fatos.

O projeto de espiritualização pelas mãos de Allan Kardec, encontrou no Brasil terreno fértil. A vinda de médicos homeopatas e magnetizadores para o Brasil, em 1840, foi parte da logística espiritual para que as ideias do homem como um ser biopsicossocial, dotado de alma, pudesse alimentar o inconsciente da coletividade que receberia mais tarde o Espiritismo.

Em 24 de maio de 1845, na Bahia, uma ocorrência policial registra, antes mesmo do fenômeno das irmãs Fox, em Hydesville, a prática mediúnica em nosso meio. No Distrito da Mata de São João ocorriam sessões mediúnicas noturnas. Fato este que fora denunciado às autoridades locais. A queixa foi assinada por Joaquim dos Santos, Juiz Municipal e enviada ao Tenente-General presidente da Província.

Veremos também que a comunicação com os mortos era praticada em terras brasileiras em 1853, pouco antes do lançamento de *O Livro dos Espíritos*, em 1857, na França. As sessões de mesas girantes, moda nos salões europeus, foram experimentadas na casa do comerciante José Smith Vasconcellos, conhecido como Barão de Vasconcelos, em Fortaleza, Ceará.

Também em 1853, na capital do Império, Rio de Janeiro, o médico e historiador Alexandre José de Mello Morais (1816-1882), coordenava um grupo de experimentadores espíritas. Esse grupo era frequentado por diversos membros da burguesia carioca. Era visível que as práticas mediúnicas faziam sucesso entre a burguesia intelectual brasileira. A obra *Os Arcanos da Vida Futura Desvelados*, de Alphonse Cahagnet (1809-1885), mencionada por Allan Kardec, em sua última publicação editorial *Catálogo Racional para Fundação de uma Biblioteca Espírita* afirmando ser obra precursora do Espiritismo, circulava na sociedade intelectual da época. Isso mostra que as ideias espíritas já rondavam o território nacional.

A estrutura das duas primeiras Revelações espirituais para a humanidade, Judaísmo e Cristianismo, estão embasadas em seus livros sagrados. O Espiritismo como proposta de espiritualização trina – ciência, filosofia e religião –, também está fundamentado em livros, não considerados sagrados, mas que formam a estrutura de sua Doutrina, que são as obras de Allan Kardec.

A questão é que as obras de Kardec eram editadas em francês. No Brasil do final do século XIX, o índice de analfabetismo era de 70% da população. O acesso à educação era "privilégio" da burguesia. As primeiras obras de Kardec traduzidas para o português foram publicadas por B. L. Garnier (1823-1893), no Rio de Janeiro. Garnier publica, então, *O Livro dos Espíritos* em 1875, traduzido por Joaquim Carlos Travassos, membro do Grupo Confúcio. Neste mesmo ano seguem publicados *O Livro dos Médiuns* e o *Céu e o Inferno*. Em 1876, *O Evangelho segundo o Espiritismo*. Por outros editores saíram *A Gênese*, *Obras Póstumas* e *O Que é o Espiritismo* até 1884.

O desenvolvimento do Espiritismo no Brasil, portanto, começa pela burguesia, que era o grupo social que tinha acesso à educação, ao idioma francês, por exemplo.

A força de propagação da Doutrina Espírita no Brasil vem das publicações editoriais. O livro foi e continua sendo a forma mais clara e objetiva para disseminar as ideias espíritas. A primeira publicação espírita em nosso território foi *Os Tempos são Chegados*, de Casimir Lieutaud, em 1860. A referida obra provavelmente foi publicada em francês. Por isso, o prestígio do Espiritismo em suas primeiras manifestações no Brasil, foi maior junto aos mais abastados e com acesso à educação formal.

Casimir Lieutaud é um personagem praticamente esquecido do movimento espírita nacional. Ele foi o pioneiro das publicações espíritas começando na cidade mais parisiense do Brasil: o Rio de Janeiro do século XIX.

Lieutaud e mais outros companheiros de sua época prepararam todo o terreno para que a 3ª Revelação pudesse encontrar o solo em condições de propagação por meio da literatura. Enfrentaram as opiniões contrárias de acadêmicos e da própria religião institucionalizada no Brasil: o catolicismo.

Aos poucos vemos o Espiritismo avançando em suas ideias. Em 1869, em Salvador, estado da Bahia, Luiz Olympio Telles de Menezes lança o primeiro periódico espírita. Era de publicação bimestral e foi também um dos responsáveis pela disseminação das ideias espíritas. Segundo esse periódico, no Rio de Janeiro, existiam vários grupos domésticos e regulares de Espiritismo. Eram os embriões dos Centros Espíritas.

Destacamos a Sociedade de Estudos Espiríticos Grupo Confúcio, fundada em 2 de Janeiro de 1873, no Rio de Janeiro. Casimir Lieutaud, era o tesoureiro do grupo. O grupo colaborou com publicações das obras de Kardec em português, bem como receituários mediúnicos homeopáticos e passes magnéticos. A primeira manifestação mediúnica que se tem notícia do Espírito guardião do Brasil, Ismael, surgiu por meio desse grupo.

Com o surgimento da Federação Espírita Brasileira - FEB, em 1884, no Rio de Janeiro, podemos notar que o movimento espírita nacional começa a desenhar sua característica principal: o aspecto religioso.

Em 1895, o Dr. Adolfo Bezerra de Menezes (1831-1900) assume a presidência da FEB já enfatizando a orientação doutrinário-evangélica. Isso foi um divisor de águas dentro do movimento espírita ainda ensaiando seus primeiros passos no Brasil. O lema "*Fora da caridade não há salvação*", foi o estímulo para a iniciativa de abertura de diversas frentes de atividades sob a tutela dos espíritas brasileiros.

Obras de ajuda humanitária que englobavam creches, asilos, orfanatos, educandários e hospitais psiquiátricos são marcas indeléveis do movimento espírita capitaneado pelos pioneiros do final do século XIX.

Ao dar ênfase ao aspecto religioso do Espiritismo, Bezerra de Menezes tornou-se o grande apóstolo das causas humanitárias sob a égide da bandeira do Espiritismo evangélico.

Porém, o movimento espírita estava dividido entre aqueles que entendiam o aspecto religioso como o mais importante, não em detrimento do filosófico e científico, mas pelas condições morais em que o mundo ainda vivia e ainda vive, e o grupo dos científicos e filosóficos que tinham opinião bem formada sobre o assunto: Espiritismo não é religião.

Esses dois grupos ficaram conhecidos como os científicos que não aceitavam o aspecto religioso do Espiritismo e os místicos, com sua figura de maior expressão em Bezerra de Menezes.

A impressão que se tem com essa questão é que, ao dar ênfase ao aspecto religioso do Espiritismo, despreza-se os outros dois e torna a

Doutrina Espírita uma religião institucionalizada, com sacerdotes, rituais, paramentos, etc. Não é nada disso.

Para entender essa situação, precisamos entender os perfis dos espíritas e o contexto político que vigorava na época.

Quando falamos do aspecto religioso do Espiritismo, a figura do anjo Ismael, o preposto de Jesus em terras brasileiras, merece um apontamento, pois parte de toda a confusão causada vem justamente pelo fato de surgir a figura de um anjo na condução espiritual do Brasil. Para os mais ortodoxos, anjo é uma designação da tradição católica. Afirmação esta que não procede, pois Allan Kardec analisou essas questões em sua obra.

Quem eram os espíritas científicos?

Em 1889 foi proclamada a República no Brasil, por meio de um levante político-militar, que depôs o Imperador D. Pedro II, colocando um fim na monarquia.

A República foi fortemente influenciada pelo Positivismo francês, filosofia materialista desenvolvida por Auguste Comte, por meio dos militares e dos acadêmicos. Havia necessidade de afirmação de uma nova classe de intelectuais burgueses. Essa nova classe não somente se opunha à monarquia, mas também ao clero. Religião passa a não ter muito espaço dentro do regime republicano e isso estava muito bem refletido na educação, que passou a ser mais científica, contra a escola tradicional humanista e religiosa.

O conceito positivista do "*O amor por princípio, a ordem por base, o progresso por fim*" é clara e objetivamente manifestado no pavilhão nacional: *Ordem e Progresso*.

Vamos lembrar que Kardec lança a proposta espírita não como religião, pois a França positivista se opunha às manifestações religiosas. Chega ao fim a hegemonia da Igreja Católica motivado pela ascensão do Positivismo.

No Brasil, essa postura não seria diferente. Renegaram a religião veementemente. Bezerra de Menezes sentiu isso na própria pele. Sofreu muito a incompreensão de alguns amigos de Doutrina apegados a um Espiritismo científico, utópico.

Para amenizar esse conflito intelectual entram em cena os "Bandeirantes do Espiritismo"

A Espiritualidade promove o reencarne de Espíritos notáveis pelas suas habilidades em tratar das questões humanas e se interessar pelo sofrimento do povo.

Reencarnam Bezerra de Menezes em 1831, Batuíra em 1838, Anália Franco em 1856, Cairbar Schutel em 1868, Eurípedes Barsanulfo em 1880 e Jésus Gonçalves em 1902.

Por meio da ação desses personagens, o Espiritismo assume características sociais bem marcantes, pois todos eles levaram consolo aos sofredores, aos mais desvalidos da sociedade, erguendo trabalhos sociais de vulto. Com a contribuição deles, as bases do Espiritismo foram reforçadas, pois os espíritas tornaram-se mais conhecidos pelas práticas sociais. A caridade no campo social garantiu estabilidade ao movimento, pois de certa forma funcionou como trincheira para os ataques do clero.

O Espiritismo começa a falar com aqueles que não faziam parte da burguesia, com maiores dificuldades de acesso ao conhecimento e viviam em condições sociais precárias. Era a exemplificação do "*Fora da caridade não há salvação*".

Não há dúvida quanto à importância dessas ações na sociedade. Elas beneficiaram não somente o ser humano em suas necessidades básicas, mas também à própria Doutrina Espírita que passa a ser mais conhecida. Porém, esses trabalhos eram isolados, não se expandiram em termos práticos.

Enquanto tínhamos grupos que adotaram os aspectos filosófico e científico do Espiritismo aprofundando-se nos conceitos doutrinários e na fenomenologia mediúnica, vemos almas mais conectadas ao sofrimento humano e conseguindo transitar entre os três aspectos da Doutrina, de forma equilibrada, porém trazendo a profunda marca do seu aspecto religioso. O Dr. Bezerra de Menezes era uma das criaturas mais conectadas ao sentimento de religiosidade que faz parte do arcabouço espírita.

Sua atuação no movimento rendeu-lhe os títulos de "médico dos pobres" e "Kardec brasileiro".

Essa fase foi marcante dentro do movimento espírita, também pelas polêmicas que levantaram. São famosos os debates entre Cairbar Schutel (1868-1938) com o clero. Esse período de polêmicas perdurou até o final da década de 1990, já com pouca expressão, mas ainda causando algumas discórdias. Era muito comum lermos nos periódicos extensos artigos pró e contra o aspecto religioso do Espiritismo no Brasil.

Temos espalhados pelo Brasil as famosas sessões de materializações de Espíritos e, nesse quesito, destacamos a médium Ana Prado (1883-1923), no Pará, e Francisco Peixoto Lins (1905-1966), o Peixotinho, no Rio de Janeiro.

6.2. A Popularização da Doutrina Espírita

O brasileiro é herdeiro da cultura místico-religiosa. A característica do povo se destaca em seu processo de miscigenação e na fusão de culturas diversas. A história do Espiritismo no Brasil é caracterizada pela ênfase de seu aspecto religioso.

Se grandes vultos do final do século XIX e início do XX fizeram sua parte no que diz respeito ao processo de disseminação das ideias espíritas no Brasil, ela ainda carecia de popularização.

Essa árdua tarefa coube ao médium mineiro Francisco Cândido Xavier (1910-2002). De fato, as pessoas procuravam Chico pela sua mediunidade, pela capacidade que ele tinha de falar com os mortos e trazer recados do além. Mas não demorava muito para Chico encantar as pessoas e ganhar sua admiração pelo seu modo franciscano de viver.

Sua diversidade mediúnica chamou a atenção do Brasil e do mundo.

Fica evidente sua produção literária produzida pela sua mediunidade de psicografia mecânica, onde muitos Espíritos se manifestaram. O destaque fica para as obras de Emmanuel e André Luiz. Por meio desses Espíritos podemos ver a continuidade da obra de Kardec e seu desdobramento.

É interessante notar que o Centro Espírita desse período tinha a característica de ser um local onde se aplicava passes, ou se realizava materializações de Espíritos, ou se prestava auxílio assistencial às populações carentes de recursos materiais.

Esse fenômeno pode ser explicado pelo fato de que o ensino público continuava em segundo plano. A taxa de analfabetismo na década de 1932, ano de publicação da primeira obra psicografada pelo médium mineiro, era de mais de 56%, segundo o Censo da época.

O contexto histórico europeu, marcado por inúmeras guerras, foi um fator importantíssimo para dificultar o desenvolvimento do Espiritismo por lá. A própria questão do alinhamento acadêmico ao Positivismo francês, com todos os conhecidos autores materialistas, foram decisivos para reinar o materialismo histórico na Europa.

O ano em que a França decidiu combater a Monarquia Absolutista de Luís XVI, em 1789, com a Revolução Francesa, inicia por uma série de conflitos que vão se estabelecendo na sequência. As Guerras Napoleônicas, a formação dos Estados Nacionalistas, a Alemanha e Itália em processo de unificação, somando-se às diversas guerras de independência na América Espanhola e a Guerra Franco Prussiana que antecedeu a Primeira Guerra Mundial, estabeleceram na Europa muita dor e sofrimento.

Em 1938, é publicada a obra psicográfica do médium Francisco Cândido Xavier *Brasil, Coração do Mundo, Pátria do Evangelho*, de autoria do Espírito Humberto de Campos.

É nessa obra que veremos um diálogo recheado de poesia, retratando de forma objetiva a questão da vinda do Evangelho de Jesus em terras brasileiras.

Veremos que no capítulo *O Coração do Mundo*, da obra referida, Jesus em uma rápida visita ao território brasileiro, antes mesmo de sua descoberta pelos portugueses, junto de sua coorte de Espíritos iluminados dialoga com Helil, o responsável para questões sociais da Terra:

— Helil – pergunta Ele –, onde fica, nestas terras novas, o recanto planetário do qual se enxerga, no infinito, o símbolo da redenção humana?

— Esse lugar de doces encantos, Mestre, de onde se veem, no mundo, as homenagens dos céus aos vossos martírios na Terra, fica mais para o Sul.

E, quando no seio da paisagem repleta de aromas e de melodias, contemplavam as almas santificadas dos orbes felizes, na presença do Cordeiro, as maravilhas daquela terra nova, que seria mais tarde o Brasil, desenharam-se no firmamento, formado de estrelas rutilantes, no jardim das constelações de Deus, o mais importante de todos os símbolos.

Mãos erguidas para o Alto, como se invocasse a bênção de seu Pai, para todos os elementos daquele solo extraordinário e opulento, exclama então Jesus:

— Para esta terra maravilhosa e bendita será transplantada a árvore do meu Evangelho de piedade e de amor. No seu solo dadivoso e fertilíssimo, todos os povos da Terra aprenderão a lei da fraternidade universal.

(...)

Aqui Helil, sob a luz misericordiosa das estrelas da cruz, ficará localizado o coração do mundo!

O Brasil, como um país escolhido para que o Evangelho de Jesus pudesse expandir sua proposta de redenção da humanidade, conseguiu manter o território longe das guerras de extermínio, longe de todo o materialismo europeu, do cientificismo frio e calculista de muitos pesquisadores dos fenômenos espirituais. A filosofia e a ciência na Europa haviam justamente afastado sua cultura das relações do homem com o Evangelho. Não podemos deixar de mencionar que a própria Igreja Católica, com sua política e interesses de poder, havia entrado em litígio com os intelectuais desde o Renascimento Cultural iniciado no final do século XIV na Itália.

A estratégia da Espiritualidade para que o Espiritismo no Brasil não tivesse o mesmo destino que teve na Europa, foi promover a reencarnação de almas que já haviam se comprometido com o Evangelho. Algumas dessas almas estiveram entre os espíritas contemporâneos de Kardec e agora engrossavam as fileiras dos Espíritas, no Brasil.

Muitos desses personagens são conhecidos pela história por dedicarem suas vidas à causa espírita em todo o território nacional. Sem contar aqueles que não tiveram seus nomes em biografias, mas colaboraram anonimamente com a implantação de Centros Espíritas e trabalhos sociais.

6.3. Grandes Vultos do Espiritismo no Brasil

Muitos são os nomes que enriqueceram a história do Espiritismo no Brasil. Recomendamos uma pesquisa sobre esses personagens para que se possa ter a dimensão de sua importância.

Abaixo, destacamos de forma resumida, apenas alguns, por suas atividades decisivas para o desenvolvimento da Doutrina Espírita no Brasil.

Francisco Cândido Xavier, conhecido como **Chico Xavier**, nasceu no estado de Minas Gerais em 02 de abril de 1910. Foi um grande médium, filantropo e um dos mais importantes personagens do Espiritismo mundial. Chegou a psicografar mais de 450 livros em diferentes estilos, que até o ano 2010 já haviam vendido mais de 50 milhões de exemplares. Os direitos autorais de suas obras são todos destinados a obras de caridade. Também se notabilizou pela psicografia de mais de 10.000 cartas destinadas a parentes e amigos de desencarnados, revelando o caráter consolador da Doutrina. Foi indicado para o prêmio Nobel da Paz em 1981 e 1982. Em 2012 foi eleito o "O maior brasileiro de todos os tempos" em concurso realizado pelas companhias de radiodifusão SBT (Brasil) e BBC (Reino Unido). Desencarnou em 30 de junho de 2002 aos 92 anos de idade.

Adolfo Bezerra de Menezes Cavalcanti, mais conhecido como Dr. Bezerra de Menezes, nasceu no Estado do Ceará em 29 de agosto de 1831. Foi médico, escritor, jornalista, político e filantropo. Dedicou-se com afinco e desprendimento tanto à Doutrina como ao bem humanitário, que lhe fez conhecido como o "O Médico dos Pobres". Desencarnou no Rio de Janeiro em 11 de abril de 1900.

Edgard Armond, nascido no Estado de São Paulo em 14 de junho de 1894, trabalhador incansável da Doutrina, dinâmico e idealista, colaborou por mais de três décadas na Federação Espírita do Estado de São Paulo onde sistematizou o estudo da Doutrina em termos evangélicos inaugurando as Escolas de Aprendizes do Evangelho e estabeleceu cursos para auxiliar um seguro desenvolvimento mediúnico. Em 1973, a Aliança Espírita Evangélica nasceu sob sua inspiração. Foi, também, pioneiro do movimento de unificação, tendo lançado a ideia de criação da União das Sociedades Espíritas (USE). Escreveu uma série de 21 livros didáticos, em sua maioria destinados aos estudos da Escola de Aprendizes do Evangelho, entre eles *Os Exilados de Capela*, que é um dos livros espíritas mais vendidos no Brasil, *Passes e Radiações*, *Mediunidad*e e *O Redentor*. Desencarnou em 29 de novembro de 1982.

Emmanuel, esse Espírito apresentou-se a Chico Xavier como seu *orientador espiritual.* Escreveu por meio dele mais de uma centena de obras de aconselhamento espiritual, mensagens e romances históricos de indizível beleza, em alguns dos quais ele nos conta suas próprias experiências em vidas terrenas. Apresenta-se como um romano, como o foi no início do século I. As obras mais conhecidas, dentre as quais várias já foram traduzidas para outros idiomas são A *Caminho da Luz*, *Há Dois Mil Anos*, *Cinquenta Anos Depois*, *Paulo e Estêvão*, *Ave, Cristo!*, *Renúncia*, *Fonte Viva*, *Pão Nosso* e *Vinha de luz.*

André Luiz é o pseudônimo do Espírito que se apresentou por meio da psicografia de Chico Xavier. Ele nunca revelou identidade, exceto o fato de ter sido um médico em sua última encarnação no Brasil. Suas experiências na vida espiritual são narradas numa série de livros de vasto conteúdo edificante que se inicia pela obra *Nosso Lar*. Algumas revelações científicas de suas obras estão apenas nos dias atuais sendo confirmadas pela ciência terrena, ou seja, 60 anos mais tarde.

6.4. Referências Bibliográficas:

BÉRNI, Duílio Lena. *Brasil Mais Além*, FEB.

DIBO, Dulcídio. *Brasil 500 anos: História Espiritual*, Ed. Panorama.

JUNIOR, Edelso. *No Tempo do Comandante – Edgard Armond e o Espiritismo em Época de Revolução*, Ed. Radhu.

KARDEC, Allan. *O Livro dos Espíritos*, Livro Segundo.

MONTEIRO, Eduardo Carvalho. *Túnel do Tempo – As Primeiras Publicações Espíritas no Brasil*, Ed.Madras.

XAVIER, F. C./Humberto de Campos. *Brasil, Coração do Mundo, Pátria do Evangelho*, FEB.

Capítulo 7

Espiritismo e Religiões Afro-brasileiras

7.1. Introdução

O Brasil, no campo da religião, apresenta uma diversidade de manifestações que, somam em um vasto "caldo cultural", atendendo a sua diversidade étnica que após o advento da escravidão, passou por diversas transformações. Inseridas em nossa cultura, ampliaram suas características místico-religiosas.

A distância de suas famílias e de suas culturas foi uma experiência dolorosa na alma de homens, mulheres e crianças africanas que iniciaram uma trajetória de muito sofrimento, vítimas da escravização em terras brasileiras. Uma das formas que os escravos encontraram de manter a ligação com suas origens foram os cultos religiosos.

Não existia uniformidade em suas práticas, mesmo porque os escravos africanos estavam cultural e linguisticamente miscigenados. Com o tempo, a geração negra escrava do Brasil perdeu seu vínculo social e familiar com a África e, com isso, a religião africana, só passou a ser reproduzida aqui de forma fragmentada. E precisou de muitos fatores de reforço para se manter viva, pois o vínculo não era mais familiar, e sim, étnico. A união entre eles ocorreu naquilo que tinham em comum, ou seja, o culto aos orixás.

Existem duas linhas de interpretação sobre a cultura de orixás. Os que entendem que os orixás são seres que não viveram entre os humanos e assumem a condição de divindades que o Criador transformou em energias da natureza; e os que acreditam que são seres que já passaram pela experiência humana, assumindo grandes personalidades e, por isso, divinizados.

O Candomblé, além de ser uma religião brasileira de matrizes africanas, é também, um movimento de resistência ao processo de humilhação que os escravos sofreram no Brasil. O termo remete à dança, por vezes acompanhadas de atabaques, e seus orixás são cultuados por meio de cantos e oferendas. Suas manifestações foram duramente perseguidas pela Igreja Católica. Sua sobrevivência dependeu de um fator muito importante, que funcionou como apadrinhamento de inclusão social: o sincretismo religioso, ou seja, a fusão de suas práticas, mesclando seus elementos para uma reinterpretação.

Foi uma alternativa para dissimular uma espécie de submissão das culturas africanas, consideradas "inferiores", em relação à dos católicos, consideradas "superiores". No caso do Candomblé, o que ocorreu foi o sincretismo dos orixás aos santos da Igreja Católica. Vejamos por exemplo, quando estavam cultuando Oxóssi, o orixá da mata, dos animais, a figura que aparecia na verdade era a de São Sebastião, pelas características semelhantes; Iansã, a orixá guerreira, era cultuada como Santa Bárbara, etc. Esta fusão deu uma sobrevida nos momentos de maior crise entre escravos e a cultura do homem branco.

Quando a Doutrina Espírita chegou ao Brasil, na segunda metade do século XIX, as manifestações africanistas já estavam estabelecidas no país, fortemente enraizadas nas senzalas e posteriormente fazendo parte de uma parcela da sociedade brasileira, principalmente as classes mais desfavorecidas. O Espiritismo no Brasil é absorvido primeiramente pelas classes mais abastadas da sociedade, que detinham o monopólio da educação. Enquanto as manifestações africanistas eram da entrega espiritual, do culto aos orixás, à natureza, aos familiares ancestrais e da ritualização fetichista, o Espiritismo era a proposta da dialética, da investigação, muito ao gosto das mentes mais racionais da sociedade intelectual europeia e, por consequência, a brasileira.

O processo de escravização, com todas as crueldades a que os negros africanos e indígenas foram submetidos no Brasil, gerou graves compromissos morais para a nação brasileira, e isso teve consequências espirituais muito fortes, pois a manipulação da magia – que segundo o Espírito Ramatís funcionava como *uma ciência ou arte de empregar conscientemente os poderes invisíveis e obter resultados no campo da vida material* por parte dos sacerdotes africanos – fora utilizada como forma de vingança pelos sofrimentos infligidos. Muitos desses escravos, sem falar dos índios brasileiros, ao desencarnarem, se alojaram no plano espiritual, formando falanges de Espíritos vingativos. Com grandes conhecimentos dos processos da magia, começaram a atuar de forma também cruel sobre aqueles que foram os responsáveis pela experiência dolorosa em território brasileiro.

Não havia ainda uma forma de lidar com as forças utilizadas por esses "magos africanos", encarnados e desencarnados que atuavam no Brasil de forma tão contundente. Isso exigia conhecimentos do processo de manipulação da magia e os Espíritos conhecedores dessas práticas, que haviam vencido suas provas na condição de escravos, optando pelo caminho do bem, poderiam ajudar. Portanto, era essencial a criação de um movimento espiritual que pudesse fazer o contraponto dessas investidas das forças do astral inferior. O Espiritismo não oferecia este tipo de conhecimento, pelo menos não naquele momento. Essa movimentação toda começa a viabilizar o que conhecemos mais tarde como Umbanda.

7.2. A Umbanda

O surgimento das práticas umbandistas foi uma idealização dos mentores espirituais. Ainda não havia nada realizado de forma organizada, mas a ideia de contrapor as forças da magia que gerariam graves conflitos na sociedade, ajudou a mais tarde receber aquele que populariza a Umbanda no Brasil por intermédio do médium Zélio Fernandino de Morais (1891-1975): o Caboclo das Sete Encruzilhadas. Suas atividades tornaram-se públicas no país a partir de 1908, no Rio de Janeiro, após uma experiência frustrante na Federação Espírita de Niterói. Inicialmente, Zélio foi conduzido para lá pelo fato de passar por problemas de saúde sem nenhuma solução médica.

Na sessão, por intermédio de Zélio, uma entidade espiritual se comunica de forma inusitada para os padrões espíritas daquele tempo e o diretor dos trabalhos, o Sr. José de Souza, entende que aquilo é um ato de indisciplina e que o rapaz estava influenciado por um Espírito “inferior”. O diálogo então inicia, da seguinte forma:

Sr. José: Por que o irmão fala nesses termos, pretendendo que a direção aceite a manifestação de Espíritos que, pelo grau de cultura que tiveram, quando encarnados, são claramente atrasados? Por que falar desse modo, se estou vendo que me dirijo, neste momento, a um jesuíta e sua veste branca reflete uma aura de luz? E qual é seu nome, irmão?

O Espírito: Se julgam atrasados os Espíritos dos pretos e índios, devo dizer que amanhã estarei na casa deste aparelho, para dar início a um culto em que esses pretos e esses índios poderão dar a sua mensagem e, assim cumprir a missão que o Plano espiritual lhes confiou. Será uma religião que falará aos humildes, simbolizando a igualdade que deve existir entre todos os irmãos, encarnados e desencarnados. E se querem saber meu nome, que seja este: Caboclo das Sete Encruzilhadas, porque não haverá caminhos fechados para mim. Venho trazer a Umbanda, uma religião que harmonizará as famílias e que há de perdurar até o final dos tempos.

O diálogo prossegue, mas não convence o diretor dos trabalhos e o Caboclo das Sete Encruzilhadas inicia no dia seguinte, na casa de Zélio, uma nova proposta espiritual para atender todo tipo de Espíritos que precisassem de ajuda, ou mesmo viessem para ajudar, sem se preocupar com rótulos ou linguajar gramaticalmente correto. Com isso, nasce no Rio de Janeiro, em 16 de novembro de 1908, a Tenda Espírita Nossa Senhora da Piedade.

Os rituais incluídos na Umbanda, segundo o próprio Zélio Fernandino de Morais, nasceram em função da própria orientação dos Espíritos indígenas e dos negros, todos elementos de atuação nos médiuns que se propuseram a trabalhar pela caridade na Umbanda. A Umbanda generalizou-se como uma religião tipicamente brasileira e ajudou a formatar o cenário cultural-religioso do Brasil, mostrando que a convivência entre vários credos e culturas em uma proposta espiritual é perfeitamente possível.

Há pontos em comum entre a Umbanda, o Candomblé e o Espiritismo, como a crença na reencarnação, a evolução dos Espíritos, as muitas moradas existentes no Universo e o mediunismo. A metodologia de tratar este último item é diferente, pois enquanto o termo "cavalo", utilizado para designar o médium umbandista, sugere submissão total à entidade comunicante, no Espiritismo este tipo de atitude não ocorre, a não ser em casos de subjugação, pois cabe ao médium justamente controlar o fenômeno e não ser controlado por ele.

Já no Candomblé, como não há orientação única a respeito do assunto, segundo a crença nos orixás como divindades transformadas pelo Criador em forças da natureza, estes não se manifestam mediunicamente do ponto de vista de uma "incorporação" no sentido espírita ou umbandista. O transe do Candomblé, acontece por meio do envolvimento do orixá por meio da dança, do ritual e da força específica do orixá manifestante. Este não se comunica, mas sim, envolve auricamente ao iniciado por meio de sua energia reinante. Já segundo a corrente do Candomblé que admite manifestações de Espíritos, o processo mediúnico está relacionado ao egun (Espírito de pessoa já desencarnada) ou egungun (Espírito de pessoa importante para o Candomblé, já desencarnada), ou seja, Espíritos desencarnados.

Umbanda e Espiritismo apresentam particularidades que obedecem suas propostas doutrinárias. Senão, vejamos que, quando se fala de cultos com ritualística e a utilização de apetrechos, de objetos sagrados, bem característicos da Umbanda, não há dentro do Espiritismo nada disso; as próprias posições hierárquicas na Umbanda encontram o sacerdote com seus paramentos e, no Espiritismo, a direção das atividades doutrinárias ocorre sem nenhum tipo de vestimenta especial, ou mesmo há a função sacerdotal. Embora o objetivo de um sacerdote de Umbanda e um dirigente Espírita seja o mesmo: conduzir as atividades e orientar seus procedimentos. Imagens de santos, velas, incensos, defumadores, pontos riscados e uma infinidade de simbologias esotéricas, são práticas comuns dentro das atividades da Umbanda e enriquecem seu ritual. No entanto, no Espiritismo não existe nenhum vínculo com essas práticas, pois, o Centro Espírita é o espaço do estudo, da reflexão e das atividades mediúnicas, buscando o contato com a Espiritualidade sem nenhum apelo material, exterior ou fetichista, que está dentro dos padrões propostos por Allan Kardec.

As manifestações africanistas no Brasil sempre enfrentaram preconceitos diversos. Vejamos por exemplo, o termo "macumba" e a expressão "trabalho feito". Ambos os conceitos estiveram fortemente vinculados ao Candomblé e à Umbanda. Na verdade, ao contrário do que se pensa, macumba pode ser um instrumento de percussão de origem africana, bem como uma árvore sagrada da África usada para rituais religiosos, e que no Brasil remete à infeliz ideia de oferendas religiosas com a intenção de prejudicar alguém. A expressão "trabalho feito" não necessariamente remete a uma ação maléfica. Ela pode justamente ser uma ação benéfica no sentido de libertar alguém, por exemplo, da influência de um Espírito vingativo. A questão é que também pode ser uma negociação com Espíritos maléficos com a intenção de prejudicar outra pessoa. Neste caso, cabe perguntar: o "trabalho feito" com intenções espúrias atinge seus fins?

Em primeiro lugar, cabe lembrar que ninguém planta o mal no coração de uma pessoa de bem. O mal que supostamente fomos "forçados" a exercer por influência espiritual, já estava dentro do nosso coração e pode ser estimulado por agentes das trevas. De qualquer modo, a encomenda de serviço escuso do astral inferior pode nos atingir? Somos explorados pelos Espíritos inferiores por intermédio de nossas fraquezas. Por isso cabe a cada um o esforço de sua própria evangelização que é uma medida de prevenção contra essas investidas de planos inferiores do astral. Quando se trata de casos cármicos, essas questões são reguladas pela lei de ação e reação, que acaba ajustando a vida de todos nós dentro de padrões que nos possibilitem os resgates. E estes nem sempre se dão de forma trágica, pois "o amor cobre uma multidão de pecados". Há casos em que necessita da intervenção espiritual, e lembramos que, tanto Umbanda, Candomblé como o Espiritismo, têm medidas profiláticas e emergenciais próprias para lidar com o assunto.

Há os que acham que Pretos Velhos e Caboclos (Índios), no caso da Umbanda, são manifestações atrasadas e que pelo fato de serem atrasadas devem se manifestar em locais ou cultos de ordem inferior.

Na verdade, segundo o Espírito Ramatís, por meio da mediunidade de Hercílio Maes, *a presença de Espíritos inferiores não depende do gênero de trabalho mediúnico, nem do tipo de Doutrina espiritualista, mas exclusivamente da conduta, do critério moral dos seus componentes e adeptos.*

E, neste quesito, o jornalista e escritor espírita Valentim Lorenzetti elucida:

'Mas, no kardecismo, não admite pretos velhos e índios; recebo um preto velho e vários índios, por isso preciso frequentar os centros de outra linha' – já ouvimos alegar. Não é verdade. O Espiritismo tem um lema: 'Fora da caridade não há Salvação'.

(...) se o preto velho ou índio, desencarnados, se manifestam para ajudar o próximo, e não somente para 'quebrar o galho' sem maiores preocupações morais, estão trabalhando dentro dos preceitos evangélicos, e, portanto, espíritas. Não importa a simplicidade da linguagem utilizada; interessa a essência do trabalho.

Portanto, salientamos que os métodos utilizados em alguns terreiros de Umbanda para auxiliar seus frequentadores na forma de oferendas, amuletos, banhos de ervas, representando uma clara ligação com os elementos da natureza, não há nada do que estranhar em tais práticas, pois elas atendem ao magismo da Umbanda ou das demais religiões de matrizes africanas. No Espiritismo, o que difere é a metodologia, pois a recomendação para a eficácia do passe que a pessoa recebe é a prece como alimento diário para a alma, a vigilância dos pensamentos, o estudo de suas obras e principalmente o esforço em anular em si os modelos comportamentais decadentes e impróprios para um cristão, remetendo o assistido ao processo conhecido como reforma íntima, ou seja, a transformação moral como condição permanente de proteção espiritual.

7.3. Referências Bibliográficas:

ARMOND, Edgard. *Enquanto é Tempo*. 2ª ed. Cap. II. 35p. Editora Aliança.

KARDEC, Allan. *O que é o Espiritismo.*

KARDEC, Allan. *O principiante espírita.*

LORENZETTI, Valentim. *Caminhos de Libertação.* 3ª ed. Editora Aliança.

MAES, Hercílio/Ramatís. *A Missão do Espiritismo.* 11ª ed. Ed. do Conhecimento.

PRANDI, Reginaldo. *Referências Sociais das religiões Afro- Brasileiras: Sincretismo, Branqueamento, Africanização.* (Link: http://www.scielo.br/scielo.php?script=sci_arttext&pid=S0104-71831998000100151)

TRINDADE, Diamantino Fernandes. *Umbanda Brasileira/Um século de história.* Editora Icone.

Capítulo 8

Esboço de O *Livro dos Médiuns - Guia dos Médiuns* e *dos Evocadores*

8.1. Esclarecimentos Gerais

Pela ordem de publicação, a primeira obra editada pelo codificador Allan Kardec depois de *O Livro dos Espíritos* foi *O Livro dos Médiuns,* em 15 de janeiro de 1861. Nesse livro se encontra a parte prática do Espiritismo: a mediunidade exposta claramente de acordo com um método, tratada de forma experimental, ou seja, cientificamente.

Assim como a inteligência, a mediunidade é uma faculdade do ser humano. O Espiritismo não inventou a comunicação com "os mortos". Apenas a estudou com seriedade, propondo, por meio *desta* obra*,* um método para colocá-la em prática a serviço do bem coletivo. Esse livro foi publicado visando esclarecer inúmeros pontos que se encontravam na mais profunda ignorância.

É um livro expositivo, em que os pontos essenciais são priorizados. Como todos os outros escritos por Allan Kardec, *O Livro dos Médiuns* abriu a mente do ser humano para a mediunidade, propiciando o estabelecimento de novos estudos sobre tão importante campo da Doutrina Espírita.

8.2. Primeira Parte: Noções Preliminares

Nos capítulos que compõem a primeira parte do livro, Kardec aborda com muita coragem as objeções que o academismo da época opunha à mediunidade como faculdade natural do ser humano. Explica que o Espiritismo nada tem de sobrenatural e analisa com clareza as comunicações mediúnicas.

Allan Kardec inicia essa parte com a sugestiva pergunta: Existem Espíritos? Discorre com lógica sobre a existência incontestável da Espiritualidade, comprovada por experimentações práticas. Refuta o ataque dos inimigos da Doutrina, que queriam ridicularizá-la sem ter se submetido à rigorosa disciplina da observação, da experimentação e da análise para, finalmente, apresentar conclusões.

É colocada em xeque a crença de que os fenômenos espíritas sejam sobrenaturais, compreendendo por sobrenatural qualquer fenômeno não explicado pela lógica humana, como acreditavam alguns, pela intervenção divina no mundo material. Nesse ponto, Kardec esclarece que nada existe de sobrenatural. Os fenômenos não explicados são condições da lei da natureza não estudadas devidamente.

O codificador informa ainda que muitos são materialistas e incrédulos pelos mais diversos motivos: por ignorância, por má vontade, por escrúpulos religiosos e até mesmo por má-fé, cabendo à Doutrina Espírita esclarecer ao ser humano que o materialismo o distancia cada vez mais de Deus.

São também abordadas as explicações aos fenômenos espíritas dadas fora da codificação. A essas explicações Allan Kardec denominou "Sistemas". Em contraposição a eles, Allan Kardec apresentou o resultado de suas experimentações, objeto de *O Livro dos Médiuns.*

Kardec dedica também uma reflexão em torno das três classes de espíritas: os *espíritas experimentadores,* interessados apenas no fenômeno e que não retiravam deles qualquer aprendizado para a sua reforma moral; os *espíritas imperfeitos,* aqueles que compreendem a profundidade moral dos ensinamentos espirituais, mas não os praticam; e os *verdadeiros espíritas,* interessados na essência moral do Espiritismo e em aplicar os ensinamentos em suas próprias vidas.

8.3. Segunda Parte: Das Manifestações Espíritas

Allan Kardec esclarece a ação dos Espíritos sobre a matéria, as manifestações físicas e inteligentes e o fenômeno das "mesas girantes", já estudado nos primeiros capítulos deste livro.

Aborda os tipos de mediunidade, as características dos médiuns, a forma das comunicações espirituais e a identidade dos Espíritos nas comunicações. Analisa também a delicada questão das **mistificações** e do **charlatanismo.**

Nada mais ofensivo ao próprio ser humano, e consequentemente à Doutrina Espírita, que a lamentável prática da mediunidade com fins maldosos ou com interesses lucrativos.

O Evangelho ensina que se deve dar de graça o que de graça se recebe. Esse ensinamento é perfeitamente aplicável aos médiuns, que jamais deverão utilizar a mediunidade como forma de obter vantagens materiais. Caso contrário, além de prejudicar sua aplicação, estarão sendo alvo de entidades espirituais ignorantes, muitas delas interessadas em desviar os médiuns do caminho do bem e da caridade.

Jesus ensinou que se deve dar a César o que é de César, e a Deus o que é de Deus. Em se tratando de prática da mediunidade, os médiuns devem aprender a discernir e não utilizá-la para outros fins que não sejam aqueles relacionados exclusivamente ao Bem.

Allan Kardec aborda a forma de comunicação utilizada pelo plano espiritual para transmitir as mensagens: a *Sematologia* e a *Tiptologia,* ou a linguagem dos sinais e das batidas; a *Pneumatofonia,* ou Voz Direta, que consiste na produção da voz dos mentores espirituais diretamente no ambiente, sem auxílio dos médiuns; e a *Psicografia,* que corresponde ao uso do médium para escrever mensagens espirituais.

Kardec apresenta também um quadro sinótico dos diversos tipos de médiuns por ele estudados e observados. Um tipo em particular chama a atenção. São os *Médiuns Falantes.* Aqueles por quem os mentores espirituais se comunicam pela fala. Atualmente esse tipo de mediunidade é conhecido pelo título de *Psicofonia,* conhecida como incorporação.

A identidade dos Espíritos é outro aspecto que merece ser refletido. Muitos médiuns, ao receber uma mensagem espiritual, se preocupam em saber o nome do Espírito comunicante. É possível que até esperem um nome muito conhecido e respeitado. Kardec esclarece em *O Livro dos Médiuns* que as provas possíveis de identidade devem ser analisadas com rigor, pois é preciso distinguir os bons dos maus Espíritos.

Ora, se existem bons e maus Espíritos, existem bons e maus médiuns. A condição moral do médium é de fundamental importância na qualidade das mensagens espirituais que poderão ser transmitidas por ele. "O fruto se conhece pela árvore", ensinou Jesus. O que equivale dizer que a Reforma Íntima deve ser a preocupação máxima do médium, em toda a sua vida.

8.4. O Importante Trabalho dos Centros Espíritas

Ao final da segunda parte, Kardec deixou importantes orientações sobre a atividade dos Grupos Espíritas, expondo inclusive o regulamento da Sociedade Parisiense de Estudos Espíritas, fundada pelo próprio codificador.

Em seguida apresenta diversas comunicações de Espíritos que colaboraram na codificação: o Espírito da Verdade, Santo Agostinho, São Luiz, Erasto, Fénelon são algumas das personalidades desencarnadas que deixaram orientações imprescindíveis sobre o desenvolvimento da Doutrina Espírita e sobre o trabalho dos médiuns.

É numa dessas mensagens que o Espírito Joana D'Arc utiliza o termo **Mediunato** para designar a missão mediúnica, a responsabilidade dos médiuns em executar essa tarefa com honestidade, seriedade e moralidade.

Kardec avalia, ainda dentro do capítulo destinado às dissertações espíritas, algumas comunicações consideradas não autênticas, mesmo que tenham sido assinadas com nomes conhecidos e respeitáveis. São denominadas **comunicações apócrifas.** Allan Kardec as analisa com rigor e ponderação, deixando claro que os médiuns devem se esforçar por não se iludir com nomes que algumas entidades espirituais colocam nas mensagens, mas sim se ater ao seu conteúdo.

Assim sendo, os Centros Espíritas também são responsáveis pela correta formação dos médiuns, por meio da adoção de programas de orientação mediúnica pautada por *O Livro dos Médiuns* e complementados por obras de comprovado valor, de autoria de colaboradores espíritas encarnados e desencarnados.

O trabalho sério e bem orientado de formação mediúnica conduz os Centros Espíritas e os seus colaboradores a resultados que fornecem conhecimento e iluminação. Por bem conduzir o seu trabalho foi que o codificador da Doutrina Espírita recebeu a seguinte mensagem do Espírito da Verdade:

"Venho, como antigamente entre os filhos transviados de Israel, trazer a verdade e dissipar as trevas. Escutai-me. O Espiritismo, como antigamente minha palavra, deve lembrar aos incrédulos que acima deles reina a verdade imutável: o Deus bom, o Deus grande, que faz germinar a planta e eleva as ondas. Revelei a Doutrina divina e, como um ceifeiro, reuni em feixes o bem esparso na Humanidade e disse: Vinde a mim, todos vós que sofreis!

Mas os homens ingratos desviaram-se do caminho reto e largo que conduz ao reino de meu Pai, e estão perdidos nos ásperos e estreitos caminhos da impiedade. Meu Pai não quer aniquilar a raça humana; quer que, ajudando-vos uns aos outros, mortos e vivos, isto é, mortos segundo a carne, porque a morte não existe, vos socorrais e que, não mais a voz dos profetas e dos apóstolos, mas a voz daqueles que não estão mais na Terra se faça ouvir para vos proclamar: Orai e crede! Porque a morte é a ressurreição, e a vida é a prova escolhida durante a qual vossas virtudes cultivadas devem crescer e se desenvolver como o cedro.

Homens fracos, que compreendeis as trevas de vossas inteligências, não afasteis o facho que a clemência divina coloca entre vossas mãos para iluminar vosso caminho e vos conduzir, filhos perdidos, ao regaço de vosso Pai.

Estou muito tocado de compaixão pelas vossas misérias, pela vossa imensa fraqueza, para não estender mão segura aos infelizes transviados que, vendo o céu, tombam no abismo do erro. Crede, amai, meditai as coisas que vos são reveladas; não mistureis o joio ao bom grão, as utopias às verdades.

Espíritas! Amai-vos, eis o primeiro ensinamento; instruí-vos, eis o segundo. Todas as verdades se encontram no Cristianismo; os erros que nele se enraizaram são de origem humana, e eis que, além do túmulo, que acreditáveis o nada, vozes vos clamam: Irmãos! Nada perece; Jesus Cristo é o vencedor do mal; sede os vencedores da impiedade."

(*O Evangelho segundo o Espiritismo*, Allan Kardec, Cap. VI, item 5).

Portanto, *O Livro dos Médiuns* vai além de um texto intelectual, muito ao gosto de estudantes da mediunidade. A própria obra transformou-se em um veículo de comunicação, à mídia de seu tempo, cujo caráter demonstra o quanto seus autores – os Espíritos e Kardec – estavam preparados para popularizar conhecimentos que a humanidade carecia.

As diversas mensagens, textos e respostas inseridas, não só em *O Livro dos Médiuns*, mas em toda a codificação kardequiana é assinada por Espíritos nobres, de condição superior, conforme consta na escala espírita elaborada pelo próprio Kardec. Mas o critério kardequiano para a classificação desses Espíritos, como São Luís, Santo Agostinho e tantos outros não foi o fato de terem sido canonizados pela Igreja Católica, mas sim pela coerência, inteligência e sabedoria dos textos, atendendo aos critérios de racionalidade e lógica adotados por Kardec.

A mensagem desta obra importantíssima para o surgimento do Espiritismo e para os tempos atuais fora coletivizada para não cair no sistema único, de uma via só, muito comum a outras Revelações. Porém, apesar de sua coletivização, existe uma unidade que fica absolutamente clara em todas as demais obras de Kardec, que é a chancela do Espírito da Verdade sob responsabilidade de seu braço intelectual e moral, que foi Allan Kardec.

8.5. Referências Bibliográficas:

ARMOND, Edgard. *Mediunidade*. Editora Aliança.

Autores diversos, *Iniciação Espírita*, Editora Aliança.

KARDEC, Allan. *O Livro dos Médiuns*.

SANTOS, Dalmo Duque dos. *A Nova História do Espiritismo, dos precursores de Kardec a Chico Xavier*. Editora do Conhecimento.

Capítulo 9

Mundo Material, Mundo Espiritual e Intercâmbio por meio da Mediunidade

9.1. Descrição do Mundo Material e do Mundo Espiritual

A princípio este assunto parece muito complexo, principalmente para quem está iniciando nos conhecimentos da Doutrina Espírita. Portanto, neste capítulo procuraremos nos expressar de modo bastante simples, pois, mais tarde, na Escola de Aprendizes do Evangelho, o assunto será tratado com mais profundidade, em diversas aulas.

Para ajudar na compreensão da matéria deste capítulo, gostaríamos que o leitor começasse a raciocinar que tudo faz parte da natureza, tanto o "nosso" mundo, isto é, o mundo físico e visível, quanto o mundo espiritual e invisível aos olhos do corpo físico. Nada há de sobrenatural. E, mais ainda: poderemos até dizer que o mundo material — o "nosso" mundo — é uma cópia bastante pálida do mundo espiritual. Isto quer dizer que a matriz do mundo material está no mundo espiritual. O mundo espiritual existe há mais tempo, é o mundo primitivo em termos cronológicos.

Na realidade, não existem diferenças marcantes, acentuadas, entre o mundo espiritual e o mundo material. Numa linguagem figurada, poderíamos até dizer que o mundo material é um adensamento do mundo espiritual. De outra parte, o mundo espiritual é a quintessência, a sublimação, do mundo material.

No plano espiritual, as diferenças se definem pelo estado vibratório e evolutivo dos Espíritos, que são um resultado do seu processo evolutivo, seu esforço em se depurar, melhorando seus pensamentos, sentimentos e comportamentos, livrando-se dos vícios e se apegando menos à vida material.

Para aqueles que ainda estão ligados a essas características, suas vibrações se sintonizam com regiões onde o apego à materialidade é grande e consequentemente os sofrimentos, necessidades de depurações e despertamentos existirão. Essas regiões são locais onde aqueles desejosos de manter as sensações dos vícios, comportamentos arraigados à vida material vivem por períodos suficientes para a tomada de consciência da condição espiritual e vibratória e procurar, assim, a ligação com Deus e pedir assistência para sair daquela condição.

Aqueles um pouco mais conscientes estão aptos a viverem em cidades organizadas onde poderão aprender, evoluir e se preparar para as próximas encarnações de maneira mais consciente.

Existem diversas cidades no plano espiritual, que comumente chamamos de colônias espirituais. Elas se localizam sobre diversas regiões e cidades, onde o intuito é prover um ambiente de refazimento das energias, educação e aprimoramento, desenvolvimento de amparo ao próximo, atendendo aqueles necessitados nas regiões espirituais mais próximas.

9.2. Os Espíritos no Mundo Material e no Mundo Espiritual

O ser humano é um Espírito encarnado. O corpo físico – templo do Espírito encarnado – passa pelas fases normais da vida orgânica: infância, adolescência, juventude, maturidade, velhice e morte, isto é, a passagem do Espírito para o Plano Espiritual. Assim, entramos num assunto que interessa a todos nós: a desencarnação, a passagem do Espírito para o Plano Espiritual.

Segundo velhas crenças, quando uma pessoa desencarna, ao chegar ao Plano Espiritual passa a ter uma série de virtudes, que jamais possuiu quando esteve "aqui entre nós". A Doutrina Espírita, porém, ensina que a morte do corpo físico – a desencarnação – não eleva ninguém à categoria de "santo", dando-lhe poderes que não conquistou com trabalho e dedicação ao próximo quando encarnado. Ensina que quando desencarnamos continuamos os mesmos, do ponto de vista moral. O indivíduo maldoso continuará um Espírito maldoso; o bom será um bom Espírito.

Existem, entretanto, Espíritos que, quando encarnados, disfarçam sua verdadeira estatura espiritual. Muitas vezes apresentam-se como indivíduos bons às claras, porém perversos às escondidas. Quando retornarem ao Plano Espiritual, já não apresentarão disfarces e assumirão as consequências do mal cometido.

A alma, após a morte do corpo físico, conserva a individualidade, isto é, continuamos nos identificando. E essa individualidade sem o corpo físico é facilitada pelo perispírito, que é o "corpo espiritual", o envoltório fluídico do Espírito desencarnado.

Há um exemplo clássico para facilitar o entendimento sobre a individualidade do Espírito após a morte do corpo: tomemos uma tela de um pintor célebre. Coloquemos nessa tela uma moldura da época; alguns anos mais tarde troquemos a moldura. Perguntamos ao leitor: a troca de molduras modificou a tela? Não, claro, a tela continua a mesma. Assim ocorre conosco; corpo é moldura do Espírito. Temos muitas molduras na busca natural da perfeição.

O Espírito evolui, pois a Evolução é uma lei natural. Logo, um maldoso, assim que desencarna, continua o mesmo indivíduo maldoso, porém, com o tempo, no Plano Espiritual lhe é proporcionada oportunidade de aprendizado para aprimoramento, podendo ele mudar suas disposições e inclinar-se para a prática do bem.

Tomemos, como exemplo, um Espírito que se encontre num estado bastante primitivo, um Espírito bastante inferior, consequentemente muito apegado à matéria, ligado ainda por laços firmes ao mundo material.

Esse Espírito desencarna. E, desencarnado, chega ao mundo espiritual sem saber que desencarnou. Na realidade ele nem sabe o que está se passando – pois continua vivo e com toda sua individualidade. Não percebe a transição do mundo material para o mundo espiritual.

Esse Espírito permanece muito próximo da superfície terrestre, naquela região a que chamamos Crosta. É uma região interdependente com a crosta física do planeta. Espíritos assim ficam ali apegados, presos, e sofrem muito – pois têm todas as sensações materiais e, contudo, já não possuem mais o corpo físico para satisfazer às necessidades produzidas por essas sensações. Às vezes, encontram-se com outros Espíritos dos quais foram inimigos na vida terrena; travam com eles violentas lutas.

Esses indivíduos têm uma vida materializada, mesmo estando no Plano Espiritual. Ficam errantes, vagando no espaço. Muitas vezes são conduzidos logo à reencarnação. E continuam nada sabendo do que se passou entre a desencarnação e a nova encarnação. Estão praticamente equiparados aos animais, pois a consciência de vidas mais elaboradas ainda não foi desenvolvida.

Tomemos, agora, outro exemplo: Um homem mais evoluído, que já se aproxima um pouco dos ensinamentos de Jesus. Embora em estágio bem mais avançado que aquele do exemplo anterior, está, contudo, muito longe da perfeição. Pratica alguns dos ensinamentos do Evangelho, todavia seu apego aos bens terrenos, aos gozos materiais, ainda é muito grande.

Esse indivíduo desencarna e vai passar por uma experiência que representará uma fase muito dura no caminho de sua evolução. Embora sabendo-se desencarnado, ele se sente preso à matéria. Sente vontade de praticar os vícios que alimentou. Se era um fumante inveterado, um bebedor contumaz, vai sofrer com a falta do fumo e da bebida. Vai sentir falta do prazer material a que estava habituado. Poderá permanecer muitos anos nessas condições na região chamada Umbral, onde necessitará expurgar as dependências para com o mundo físico, dependendo sempre de sua vontade de transformação para encurtar o período. O Umbral, para esse indivíduo, é uma região de sofrimento devido ao distanciamento da matéria e dos prazeres que lhe eram tão importantes quando encarnado.

Se for um Espírito de certo equilíbrio, chegando a um tempo em que já se tenha despojado de suas vinculações mais grosseiras com a matéria, será recolhido a uma Colônia Espiritual. Se não, pode reencarnar na sequência.

Nessa Colônia, o Espírito terá acesso a assuntos que, até então, lhe eram inteiramente desconhecidos. Por meio de cursos ministrados por Espíritos mais evoluídos, aprenderá novas verdades, enriquecerá seu cabedal de conhecimentos, ampliará seus horizontes.

Podemos encontrar esses relatos bem detalhados no livro *Nosso Lar*, de autoria do Espírito André Luiz, psicografado por Francisco Cândido Xavier, bem como no livro *Memórias de um Suicida*, de Yvonne do Amaral Pereira, pelo Espírito Camilo Castelo Branco e nos livros do Espírito Luiz Sérgio.

No caso do livro *Nosso Lar*, André Luiz era um indivíduo bom quando encarnado. Um homem correto, bom pai, bom esposo, bom profissional. Mas adorava os prazeres da mesa. A gula era um de seus vícios. Depois de desencarnado, passou oito anos no Umbral. Nesse período foi obrigado, pelo sofrimento, a desvincular-se da mesa farta. Depois desse estágio depurador, foi recolhido à Colônia Espiritual “Nosso Lar”, onde começou um processo de reeducação e aprendizado.

9.3. A Volta ao Corpo Físico

No mundo espiritual aprendemos, assumimos novas disposições, mas a prática, o testemunho, é aplicado no plano físico, isto é, quando estamos encarnados. É no corpo físico que aplicamos aquilo que aprendemos no Plano Espiritual, demonstrando se conseguimos interiorizar os ensinamentos ou se temos que repetir o aprendizado.

Segundo *O Livro dos Espíritos*, o Universo compõe-se de três elementos básicos: Deus, espírito e matéria.

Deus, criador de todas as coisas. O espírito é o princípio inteligente do Universo, criado por Deus e que tem como missão chegar um dia até o Criador. O princípio inteligente (espírito) com o seu corpo perispiritual, denominamos Espírito. E como poderá o Espírito cumprir essa missão? Por intermédio da matéria. A matéria é o instrumento de evolução do Espírito. É na matéria que demonstramos o nível de aprendizado espiritual que conquistamos.

Daí podermos concluir que a vida no mundo material não é a verdadeira vida para a qual fomos criados; é apenas um estágio evolutivo, onde nos preparamos para a meta final. Contudo, a vida material – de Espírito encarnado – deve ser vivida com naturalidade, dentro do ambiente de luta e trabalho que a caracteriza, nada justificando ao Espírito dela desertar por conta própria, colhendo as consequências do ato.

O intervalo das encarnações pode variar de acordo com a necessidade do Espírito em sua jornada evolutiva, como diz em *O Livro dos Espíritos*, "*de algumas horas a alguns milhares de séculos*". Quanto mais evoluído o ser, mais dilatada poderá ser a sua permanência no plano espiritual, até chegar ao ponto em que a reencarnação seja totalmente dispensada, só ocorrendo no caso de se voluntariar para cumprimento de grandes missões.

Portanto, a encarnação é, na vida do Espírito, uma passagem rápida e efêmera, por meio da qual ele chega à grandeza da vida espiritual plena. Nos parâmetros humanos é como se fizéssemos a uma pessoa a seguinte proposta: trabalhar por um minuto e por esse minuto receber um salário por toda a vida. Pois é esta a proposta que nos é colocada: uma vida espiritual para sempre em troca, apenas, de um minuto de trabalho. O minuto de nossas encarnações bem aproveitadas.

Daí a importância de compreender que todo o trabalho que estamos fazendo agora, que o esforço em superar as vicissitudes que nos atingem, são um benefício para a nossa vida espiritual. Tudo o que aqui fizermos, o que aqui passarmos, terá um reflexo profundo em nossa vida espiritual. E que há um roteiro seguro para a construção de nossa felicidade: a vivência do Evangelho de Jesus.

No Plano Espiritual, quando detentores de algum equilíbrio, somos levados a refletir sobre as atividades que desenvolvemos durante nossa última encarnação. Se praticamos o mal – e temos consciência desse mal; se roubamos, por exemplo e avaliamos o dano causado por esse roubo –, o remorso e o arrependimento começam a sinalizar a necessidade interna de corrigir, reparar, ajustar o percurso evolutivo, buscando uma nova encarnação para isto. E, nesta nova encarnação, voltamos espiritualmente preparados para cumprir as etapas e reconstruir o que foi destruído, unir aquilo que foi desunido.

Contudo, na maioria das vezes, nós erramos e não temos a consciência exata das consequências daquilo que fizemos. Não temos uma ideia precisa do mal que causamos. Nesse caso, de nada adiantaria, quando regressássemos ao Plano Espiritual, o nosso mentor nos dizer das falhas que cometemos, pois em nosso íntimo tudo fora feito dentro de um certo padrão de conduta, correspondente ao nosso nível de conhecimento e evolução.

Logo, para os inconscientes poderem compreender a extensão de seus atos, é necessário que passem por experiência semelhante àquela que impuseram ao seu próximo. É lei de Ação e Reação. Nossa ação do passado voltando-se hoje, em nova encarnação, ensinando-nos a não repeti-la contra nosso próximo.

Analisando com maior profundidade esse assunto, percebemos que há duas situações diferentes: do indivíduo consciente dos atos praticados e daquele que não tem essa consciência.

Talvez essas duas situações possam ser melhor esclarecidas por meio do seguinte exemplo: um indivíduo trabalha numa empresa, num momento de fraqueza, comete um desfalque. Consciente de seu erro, nem chega a usar o dinheiro. Confessa o desfalque ao patrão, reconhece o quanto estava errado, e devolve-lhe o dinheiro. O patrão compreende o seu gesto, recebe o dinheiro de volta e procura orientá-lo para que isso não se repita. O indivíduo reparou seu erro.

Agora, outra situação:

O desfalque foi cometido e o indivíduo não se conscientizou do erro, gastou o dinheiro. Tempos depois, esse indivíduo é roubado. Aí ele sente o quanto é duro ser roubado. Lembra-se, então, do roubo cometido, do mal que fez ao patrão. Reflete sobre o caso e, da reflexão, surge o arrependimento. Ele fez, sofreu, arrependeu-se. E a dívida? Foi paga? Não. A dívida só será paga quando ele devolver integralmente ao patrão a quantia roubada, isto é, quando ele reconstruir aquilo que destruiu.

É bom que isso fique bem claro. Pois muita gente acha que o arrependimento puro e simples é suficiente para reparar as faltas. Nem o arrependimento nem o sofrimento nos livram de compromissos adquiridos com o erro; impelem-nos ao ressarcimento, mas a reparação mesmo só ocorre por meio das reencarnações.

A reencarnação em que o Espírito volta para pagar uma dívida chama-se encarnação expiatória. Difere daquela encarnação em que o Espírito vem, por escolha de seus mentores, para desempenhar uma tarefa específica; neste caso trata-se de uma encarnação de prova.

Muitas vezes, nessas encarnações de prova, Espíritos sem débitos são submetidos a sofrimentos e suas reações são observadas atentamente pelo Plano Espiritual Superior, para que se verifique se estão ou não em condições de receber uma promoção ou as responsabilidades de uma tarefa mais elevada. Assemelha-se a uma escola como as que conhecemos por aqui, onde os alunos periodicamente são obrigados a fazer provas de avaliação.

As provas nos são impostas para que, sobrepujando-as, possamos demonstrar que estamos aptos para receber novas tarefas. Então acontece o que vemos com frequência: está a pessoa muito bem e, de repente, começam a aparecer-lhe inúmeros problemas. A pessoa luta, sofre, trabalha, enfrenta tudo e não se entrega. O Plano Espiritual vê que se trata de um lutador, de um indivíduo de fibra, e resolve entregar-lhe a nova missão.

Por trás de toda prova, está sempre presente a oportunidade de nos conscientizarmos de nós mesmos, de nossa vida, nos preparando para mundos superiores, nos aproximando mais do Criador.

Apenas para fixar melhor aquilo que já foi dito até aqui: estamos nos encaminhando para uma vivência espiritual pura, sem a necessidade de reencarnações. Os Espíritos que habitam planetas mais evoluídos que o nosso têm suas experiências carnais em corpos menos densos que os nossos, e assim vão evoluindo até que sejam dispensados de reencarnar. Chegarão a um estágio em que sua evolução se processará unicamente por meio das experiências que vão realizar no mundo espiritual.

9.4. Escala dos Espíritos

Achamos importante, agora, abordarmos rapidamente a gradação dos Espíritos, já que falamos em Espíritos ignorantes, equilibrados, superiores etc.

Allan Kardec, em *O Livro dos Espíritos*, classifica os Espíritos em três ordens, que se subdividem em 10 classes.

São as seguintes essas classes: 10ª) Espíritos impuros; 9ª) levianos; 8ª) pseudossábios; 7ª) neutros; 6ª) batedores/perturbadores; 5ª) benévolos; 4ª) sábios; 3ª) prudentes; 2ª) superiores; 1ª) puros.

Na realidade, essa classificação pretende demonstrar que no Plano Espiritual existem Espíritos de todas as espécies. Assim fica mais clara a recomendação da Doutrina Espírita de que não devemos aceitar cegamente tudo aquilo que os Espíritos nos dizem, pois nem todos são sábios, superiores ou puros.

Essa classificação pode ser simplificada da seguinte forma: Espíritos inferiores, bons, superiores e crísticos, ou da Esfera Criativa.

Espíritos inferiores são aqueles que ainda se encontram em estágio de profunda ignorância; são os chamados Espíritos maus, isto é, maus pela ignorância do Bem. São os Espíritos que normalmente assediam as criaturas, obsediando-as; são os vingadores, aqueles que vêm em busca de desforra.

Espíritos bons são aqueles cooperadores, os guias, protetores, aqueles que nos acompanham durante a vida e nos auxiliam na execução dos trabalhos espirituais. Cooperam na assistência aos doentes. Na ortodoxia católica seriam equivalentes aos anjos.

Espíritos superiores são os responsáveis pela vida dos povos, são os grandes guias, aqueles que desenvolvem tarefas de grande alcance no plano coletivo, responsáveis pela gravação da história dos povos no grande livro do Universo. Quanto a esta última tarefa, pode-se esclarecer que tudo o que se passa no Universo fica registrado, gravado. Os hindus, por exemplo, nos falam dos Arquivos Akásicos[25]. Logo, esses Espíritos superiores podem, com facilidade, consultar no éter a história

[25] Arquivos Akásicos são arquivos com os registros de toda a história do universo, que ficam no Plano Espiritual.

de um povo já desaparecido há milênios, e essa história se lhes aparecerá tão viva, tão presente, como se os fatos estivessem acontecendo naquele instante.

O médium Francisco Cândido Xavier conta que, ao psicografar o livro *Há 2.000 Anos*, foi-lhe dado viver as cenas que estava escrevendo. Chico estava presente, praticamente participando de todos os fatos descritos naquele livro. A médium Yvonne Pereira diz que, em seus romances, ela chega a viver com os próprios personagens, como se estivesse presenciando uma cena num teatro, só que ao invés de estar na plateia ela está no palco.

Esses relatos confirmam o fato de que os médiuns são transportados para o Plano Espiritual, onde têm acesso a esses Arquivos Akásicos, para que possam melhor descrever as cenas do passado.

Cabe também a esses Espíritos superiores a direção das provações coletivas. Indivíduos ligados entre si pelas mesmas reações (Carma), são reunidos numa determinada situação e sofrem um acidente em conjunto. Assim explicam-se as grandes tragédias, onde centenas de pessoas perdem a vida ao mesmo tempo e de modo idêntico. São grupos de indivíduos que precisam conscientizar-se do erro cometido em conjunto no passado e, por isso, passam pela mesma provação.

A História está repleta de provações coletivas: o desaparecimento da Lemúria, o afundamento da Atlântida, os grandes terremotos e maremotos, a destruição de Pompeia, guerras mundiais, os grandes desastres aéreos da atualidade e as pandemias. Todos esses acontecimentos são, sem dúvida, controlados por Espíritos Superiores.

Cabe ainda aos Espíritos Superiores cooperar na construção dos mundos e na destruição de astros e planetas apagados, que são corpos celestes já sem condições de vida.

Sobre os **Espíritos da Esfera Criativa,** são entidades extremamente elevadas. Espíritos que têm por delegação divina a tarefa de criar formas e tipos. Mas têm, sobretudo, a capacidade da abnegação.

Em seu livro *A Caminho da Luz*, Emmanuel fala do trabalho gigantesco de Jesus na direção da equipe que criou as novas formas de vida e organizou as condições apropriadas para que a vida pudesse expandir-se na Terra.

Entretanto, tais Espíritos têm, acima de tudo, a nobre missão de salvar humanidades. Graças ao seu elevado grau de abnegação, eles voluntariamente se sacrificam para mudar o curso de toda a história. Jesus de Nazaré, o nosso Cristo Planetário, é exemplo dessa abnegação.

9.5. O Intercâmbio por meio da Mediunidade

Já que falamos tanto em mundo material e mundo espiritual, é importante lembrar que é livre o intercâmbio entre esses dois mundos. E esse intercâmbio é feito por meio dos médiuns.

Médiuns são criaturas de sensibilidade aguçada, que podem registrar a presença de Espíritos e podem, também, transportar-se para o Plano Espiritual e descrever cenas e fatos. Podem ouvir Espíritos e emprestar seu corpo físico para servir de veículo de manifestação temporária de Espíritos desencarnados.

É preciso deixar registrado, contudo, que o fato de o indivíduo ser médium não lhe confere, necessariamente, a coroa de santificação. Médium é apenas um trabalhador comprometido com a verdade e a dedicação ao próximo, e quanto mais moralizado e evangelizado for, melhor terá condições de servir ao próximo e de ser veículo de Espíritos superiores. Médiuns existem no Espiritismo e fora dele. O Espiritismo não inventou os médiuns; a Doutrina Espírita procura educar, orientar, ajudar o médium a cumprir fielmente o preceito cristão de "dar de graça o que de graça recebemos".

9.6. Referências Bibliográficas:

ARMOND, Edgard. *Mediunidade.* Editora Aliança.

KARDEC, Allan. *O Livro dos Espíritos*, Livro Segundo.

KARDEC, Allan. *O Livro dos Médiuns.* Cap. VIII.

XAVIER, F. C /André Luiz. *Nosso Lar.* FEB.

XAVIER, F. C /André Luiz. *E a Vida Continua.* FEB.

Capítulo 10

As Fraternidades do Espaço

10.1. Introdução

A presença constante da Espiritualidade Superior em reuniões, aulas e eventos espíritas demonstra a importância de se estudar sua atividade e organização. Desde uma singela oração para iniciar o trabalho de um pequeno grupo de estudos até a realização de palestras públicas com centenas ou milhares de participantes, a atuação dos Espíritos superiores é imprescindível para o êxito espiritual de nossas atividades.

Neste capítulo, a proposta é conhecer a existência de determinadas organizações de Espíritos superiores – as Fraternidades do Espaço – que são responsáveis por criar e apoiar tarefas como a assistência espiritual, o Curso Básico de Espiritismo e a Escola de Aprendizes do Evangelho, entre outras.

O primeiro a escrever uma obra específica sobre este assunto foi Edgard Armond (dirigente espírita que criou a Escola de Aprendizes do Evangelho, em 1950 – v. cap. 6); escreveu um pequeno opúsculo chamado *Fraternidades do Espaço e Sua Influência Doutrinária no Movimento Espírita*, que reunia suas experiências em contatos com grupos de Espíritos que orientavam diversas atividades doutrinárias.

Posteriormente, Martha Gallego Thomaz (colaboradora de Armond na área de desenvolvimento mediúnico) aprofundou o tema, devido à convivência com Armond em grupos mediúnicos, nos livros *Instituto de Confraternização Universal e as Fraternidades do Espaço* e *Histórias das Fraternidades*.

Não fossem as informações trazidas por Espíritos Superiores, não teríamos visão mais ampla dos fatos históricos. Porém, a humanidade precisa fazer os esforços necessários para se colocar em condições de recebê-las, do ponto de vista do amor universal.

Emmanuel, no livro *A Caminho da Luz*, sintetizou, em um singelo volume, a história espiritual de nosso planeta em seus quatro bilhões e meio de anos. Humberto de Campos, no livro *Brasil, Coração do Mundo, Pátria do Evangelho*, apresenta a história espiritual do Brasil desde o final do século XIV, muito antes do Descobrimento, deixando claro o alcance do planejamento espiritual superior. André Luiz, no livro *Nosso Lar*, faz menções à atuação das Fraternidades em acontecimentos sociais das Américas e do Oriente (ver citações ao final deste capítulo).

Em resumo, mostra-se que na Espiritualidade há uma ampla organização de atividades que auxilia na transformação e avanço espiritual da humanidade.

Com o início das atividades da FEESP – Federação Espírita do Estado de São Paulo, em 1936, aproximaram-se grupos de Espíritos para auxiliar nas importantes mudanças sociais que estariam por vir. Para melhor entendimento desse assunto, apresentamos duas escalas de tempo.

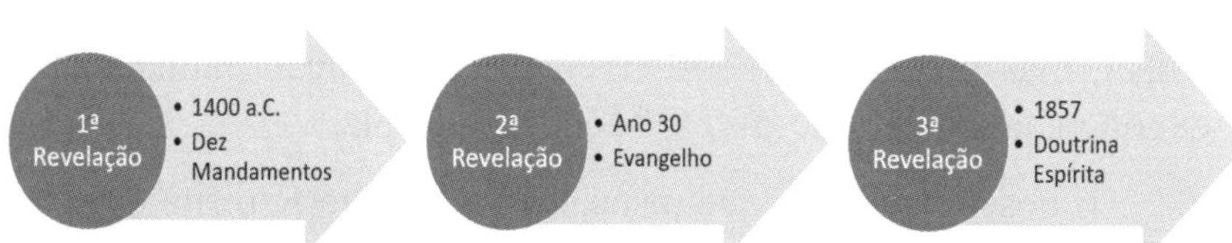

(v. capítulo 2)

É evidente a importância das revelações, por meio do trabalho de Espíritos missionários para o adiantamento moral da humanidade. Demonstra a atuação constante dos planos superiores para ajudar o progresso em nosso planeta.

A segunda linha do tempo é a da própria Terceira Revelação, a da história do Espiritismo.

(v. capítulos 2 e 6)

Capacitação para autonomia: Essa linha do tempo se fecha com a capacitação dos espíritas, para não se acomodarem no estado de dependência da vinda de Espíritos missionários, e aprenderem a trabalhar em equipe.

No século 20, as cidades se expandiram, em especial São Paulo, que se industrializou, atraindo forte fluxo migratório. Povos sofridos e trabalhadores, pessoas que nunca mais veriam sua terra natal, sua família, refugiados de guerra, que desconheciam a língua e os costumes do Brasil, mas precisavam sobreviver. E a população paulistana cresceu exponencialmente, sob essa influência múltipla.

É nesse ambiente que nasceu a Federação Espírita do Estado de São Paulo, em 1936. Nessa época, o caminho para o consolo das almas era a religião. O movimento espírita paulista ainda não estava organizado para atender a demanda social desse porte. A FEESP nasceu como um grande laboratório, uma usina de trabalho para pesquisar e organizar métodos eficazes de atender a uma população sofrida que se aglomerava às suas portas.

Este é o papel de Edgard Armond como dirigente na Federação. Enfrentou a tarefa de investigar como organizar um trabalho onde todos os envolvidos colaborassem para o progresso. Na construção desse modelo de trabalho coletivo surgiu uma primeira dúvida: entender como a Espiritualidade trabalha no espaço para não prejudicar sua eficiência. Resultados inconclusivos e pouco efetivos ocorriam, devido à adoção de procedimentos irracionais, empirismo e improvisações nas atividades socorristas.

Os médiuns que com ele trabalhavam percebiam, por meio da vidência e de outros fenômenos mediúnicos, que havia na FEESP uma forte atividade organizada do Plano Espiritual.

Para atividades de proteção espiritual, surgiam Espíritos cuja vestimenta era a dos soldados à época das Cruzadas. Organizavam-se em posições estratégicas, de tal forma que, em poucos minutos, faziam cessar os ataques de Espíritos perturbadores.

Apresentavam-se equipes de Espíritos de médicos, enfermeiros e cientistas que se dedicaram, desde quando encarnados, à área da saúde. Percebia-se que a Espiritualidade utilizava métodos muito mais avançados de tratamento.

Com frequência, atuavam Espíritos de índios brasileiros com grande habilidade para a harmonização dos ambientes, para elevar a atmosfera psíquica quando carregada de ideias de angústia e vibrações negativas.

A constatação de Armond foi: o Plano Espiritual adota uma metodologia de trabalho e suas equipes têm treinamento e especialização para desempenho das diversas tarefas – defesa, proteção, segurança, purificação dos ambientes, entre outras.

A FEESP se tornou um laboratório de pesquisa para trabalhos espirituais organizados. Lá foram criados os métodos de atendimento, por meio da classificação e padronização dos passes magnéticos. Foram propostos treinamentos que pudessem ser assimilados pelos colaboradores encarnados viabilizando a disciplina e a divisão de tarefas.

A partir da década de 1940, esses métodos foram estudados, aperfeiçoados e replicados. Isto é um legado das equipes de Espíritos que se identificaram como as Fraternidades do Espaço, e o trabalho de Armond foi o de metodizar a aplicação desse trabalho.

10.2. Breve Descrição de Algumas Fraternidades do Espaço

Os soldados das Cruzadas esclareceram que defendiam todos os ambientes religiosos, porque, ao longo de séculos, reconheceram que se excederam na violência das guerras. Buscaram a redenção ao longo das reencarnações, reuniram-se no plano espiritual pela afinidade e perceberam que adquiriram experiência para proteger estrategicamente os lugares sagrados do Oriente. Comprometeram-se a trabalhar pelo bem, protegendo os locais onde se cultua Deus, desta vez sem promover derramamento de sangue. É esta a causa abraçada pela **Fraternidade dos Cruzados**.

A **Fraternidade dos Irmãos Humildes** é liderada por Dr. Adolfo Bezerra de Menezes. Quando lhe foi perguntado o nome de seu agrupamento, respondeu que sua equipe não tinha nome. Os demais companheiros passaram a referir-se a eles como os irmãos humildes, dada a sua condição de servidores anônimos, cujo único objetivo era servir. Eles têm habilidade para tratar das questões relativas à saúde.

Há muito tempo se adotou a exposição de trechos do Evangelho como elemento importante dos atendimentos nas Casas Espíritas. Compreender a mensagem do Cristo nos ajuda a entender nossa própria necessidade espiritual. No início da FEESP, os oradores encarregados da preleção evangélica eram inspirados por Espíritos como Castro Alves, Quintino Bocaiuva, Benjamin Constant, alguns dos principais abolicionistas, integrantes da **Fraternidade da Lei Áurea**.

10.3. A Fraternidade do Trevo

Uma vez definidos métodos mais eficazes para atender a massa de sofredores que buscavam assistência na Casa Espírita, outro grande desafio foi manter a comunidade espírita preparada para os desequilíbrios globais do presente e do futuro.

Em 1939, com o início de mais uma Guerra Mundial, Bezerra de Menezes começa a percorrer todas as Casas Espíritas do Brasil solicitando o socorro das orações e das vibrações, porque nos campos europeus as pessoas não tinham mais forças para rezar.

As equipes espirituais precisavam acudir a milhares de desencarnes por dia, mas não havia recursos vibratórios suficientes para o socorro do plano espiritual.

Edgard Armond propôs a atividade das Vibrações Coletivas, solicitando a todos que, para maior eficácia na captação dessas energias, se reunissem para fazer vibrações na mesma hora e local. Ficou estabelecido que as vibrações coletivas seriam às quintas-feiras das 19:30 às 20 horas.

Este esforço foi valioso para a Espiritualidade e uma fraternidade passou a acompanhá-lo. Era um grupo de Espíritos que tinham um trevo verde gravado em suas túnicas, na altura do coração. Organizavam a coleta da energia das vibrações, inspiravam o dirigente dos trabalhos, traziam mensagens mediúnicas de incentivo. Ao se identificarem como a **Fraternidade do Trevo**, seu dirigente se apresentou como Razin.

Decidiram tornar permanente o trabalho de Vibrações Coletivas, mesmo depois do final da guerra em 1945.

10.4. Uma Nova Etapa: Criação da Escola de Aprendizes do Evangelho

É preciso vencer a tendência de se resolver problemas pela violência das guerras e a reincidência geral no comportamento egoístico. Mas para tanto, precisamos compreender as Leis Universais. Algumas chaves foram trazidas na Codificação do Espiritismo.

Questão 132 de *O Livro dos Espíritos*	**Questão 625 de *O Livro dos Espíritos***	**Questão 919 de *O Livro dos Espíritos***
A encarnação precisa ser aproveitada para evoluir. Esta é a finalidade da vida.	Para evoluir, precisamos de uma referência, que está conosco há 2000 anos: **Jesus**.	O esforço para avançar em busca dessa referência precisa de um método, e a resposta é: Conhece-te a ti mesmo! Essa resposta é seguida pela recomendação do Espírito Agostinho para se fazer uma Auto Análise diária de nossas ações**.**

Com isso em mente, Razin sugere a Armond trabalharem juntos para colaborar na mudança do mundo. Um trabalho inovador, com as pessoas que foram tocadas pela mensagem espírita e convidando-as a um processo de autoconhecimento.

Isso se fazia na Antiguidade em Escolas de Iniciação Espiritual, nos antigos templos da sabedoria oriental. Quando a cultura ocidental se tornou muito prática e utilitarista, as escolas espiritualistas iniciáticas desapareceram no ocidente. Porém, dentro de um ambiente onde as pessoas aprenderam a valorizar a Espiritualidade, seria possível recriar um caminho de iniciação espiritual?

Assim foi que, por orientação da Fraternidade do Trevo, Armond apresenta uma proposta, em abril de 1950: a Escola de Aprendizes do Evangelho. A princípio ela foi entendida como um curso espírita, porém seus criadores sabiam que a tônica não era a informação doutrinária e sim a transformação moral.

Esse caminho de Iniciação Espiritual viria a ser um mergulho do indivíduo, o iniciado, em um processo de autoconhecimento de forma a trilhar conscientemente o seu caminho de transformação.

Para a evolução da humanidade, é preciso começar pela transformação do indivíduo. Este é um dos principais legados da Fraternidade do Trevo: o programa da Escola de Aprendizes do Evangelho.

A Fraternidade do Trevo foi criada há 2000 anos, depois que o Espírito Razin presenciou a crucificação de Jesus. Passados vinte séculos, ele encontrou um público receptivo, que se reunia semanalmente para fazer vibrações, iniciando mais uma frente de trabalho na semeadura do Bem.

A grande mensagem das Fraternidades do Espaço, e em especial da Fraternidade do Trevo, nos revela que, quando nós abraçamos uma causa e nos unimos para somar esforços, temos mais força na tarefa de transformação do mundo, porque somos irmãos.

Em obras significativas da literatura espírita encontramos menções às Fraternidades do Espaço:

Nosso Lar, do Espírito André Luiz:

Capítulo 24 – O Impressionante Apelo (telecomunicação solicitando auxílio das Fraternidades da Luz, ligadas à história da América).

Capítulo 32 – Notícias de Veneranda (nova menção às Fraternidades da Luz).

Capítulo 41 – Convocados à Luta (menção às Fraternidades do Oriente).

Brasil, Coração do Mundo, Pátria do Evangelho, do Espírito Irmão X (Humberto de Campos):

Capítulo 3 – Os Degredados (Ismael e as falanges do Infinito).

Capítulo 4 – Os Missionários (Influência das falanges do Infinito na História do Brasil).

10.5. Referências Bibliográficas:

ARMOND, Edgard. *Falando ao Coração*. Editora Aliança.

THOMAZ, Martha Gallego. *Instituto de Confraternização Universal e as Fraternidades do Espaço*. Edições FEESP.

THOMAZ, Martha Gallego. *Histórias das Fraternidades*. Editora Aliança.

XAVIER, F. C./Emmanuel, *A Caminho da Luz*. FEB.

XAVIER, F. C./Humberto de Campos. *Brasil, Coração do Mundo, Pátria do Evangelho,* FEB.

XAVIER, F. C /André Luiz. *Nosso Lar*. FEB.

Capítulo 11

As Leis da Reencarnação e de Ação e Reação

11.1. Lei da Reencarnação

A Evolução do Espírito

Ensina-nos a Doutrina Espírita que o Espírito é criado por Deus simples e ignorante e, como princípio inteligente, necessita desenvolver suas capacidades, passando por experiências e aprendizado, seguindo rumo à perfeição. Estagia por longo tempo em etapas sequenciais de desenvolvimento, sendo assistido por Inteligências Superiores que lhe acompanham o processo evolutivo, conforme planejamento divino.

Nessa trajetória, Deus, na sua, infinita misericórdia, oferece-nos a oportunidade de participarmos da sua criação, como cocriadores. Pois, construímo-nos pelo esforço e pela experiência do aprendizado que formou a nossa personalidade.

É através, das sucessivas encarnações e das lições aprendidas e vividas em cada uma delas que se dá a evolução do Espírito, como nos esclarece *O Livro dos Espíritos,* na questão 166, onde Kardec pergunta:

— "A alma que não alcançou a perfeição na vida corpórea, como acaba de depurar-se?"

A resposta dos Espíritos:

— **"Submetendo-se à prova de uma nova existência".**

Em todo processo de aprendizado há um planejamento, um objetivo, uma metodologia e uma avaliação do resultado, uma vez que para aprender é necessário mudar. Quando aprendemos algo, assimilamos o conhecimento de determinado assunto ou situação, que passa então a fazer parte de nossa forma de pensar e mudar nossa forma de agir.

Quando aprendemos a andar de bicicleta, por exemplo, houve um planejamento das ações para que nos fossem ensinadas as técnicas, um método para segurar a bicicleta com rodinhas auxiliares ou alguém ficou segurando o selim. Nas tentativas e erros houve quedas, reinício do processo até entendermos como funciona o equilíbrio. Quando assimilamos as informações, as rodinhas são retiradas. Outro exemplo, são as equações matemáticas, onde para chegar em resoluções mais complexas precisamos primeiramente aprender a tabuada, cálculos básicos, depois avançarmos para fórmulas. E após muitos exercícios, erros e acertos assimilamos esse conhecimento. Assim, ano após ano passamos à aprendizagem de conteúdos cada vez mais complexos.

A evolução espiritual acontece da mesma forma: com planejamento, ensaios, erros, acertos e avaliação da aprendizagem. Se no espaço de tempo previsto para uma encarnação não foi possível atingir o aprendizado planejado, se os erros foram repetidos várias vezes e o Espírito não mudou, se ainda há falta de equilíbrio nas suas decisões e ações, então será necessária nova oportunidade para corrigir os erros, equilibrar-se e aprimorar-se na prática do Bem e do Amor.

A Justiça Divina

A palavra Justiça refere-se a uma ação que é baseada na equidade, na retidão e na integridade, observada com rigor e precisão. Portanto, ao pensarmos na Justiça Divina, entendemos que ela seja perfeita, reta e nos proporciona aquilo que é correto e merecido.

Assim é com a lei de reencarnação, que prevê novas oportunidades de aprimoramento aos Espíritos encaminhados ao crescimento e à perfeição.

Se tomássemos por base uma única vida, poderíamos pensar ser Deus injusto e punitivo, que beneficia alguns em detrimento de outros a seu próprio critério. Porém, a razão nos diz que isso não tem lógica, pois injustiça e castigo são atributos humanos, não divinos. Considerando a existência do processo reencarnatório é que conseguimos compreender e justificar a diversidade de seres humanos, em diferentes estágios evolutivos na Terra e entender que a infinita Bondade e Amor de Deus por todos nós, dá-nos sempre a oportunidade de refazer, em uma vida, o que deixamos de fazer em outra e assim crescer espiritualmente. Em um processo sucessivo de acertos e erros o Espírito vai se conscientizando sobre o Bem Maior e assim evoluímos até chegarmos à perfeição.

Kardec nos esclarece que: "*a Doutrina da reencarnação, isto é, aquela que admite para o homem várias existências sucessivas, é a única que responde à ideia que fazemos da justiça de Deus em relação aos homens colocados em uma condição moral inferior, a única que nos explica o futuro e fundamenta nossas esperanças, pois que nos oferece o meio de resgatar nossos erros por meio de novas provas*" (*O Livro dos Espíritos*, Livro II, cap. IV).

A oportunidade de nova encarnação é, portanto, um gesto de Bondade Divina, uma facilitação do processo de aprimoramento espiritual intermédio do exercício prático na Terra, digamos assim, daquilo que já foi adquirido pelo Espírito como conhecimento do Bem e do estímulo àquilo que está próximo a emergir, a florescer.

O povo hebreu, a partir de Abraão, fundamentou seu sistema teológico na concepção de um Deus único e criador do Universo e foi através da organização das leis e costumes feita por Moisés, chamada de a primeira Revelação, que foi reforçada para o ser humano a noção de Justiça. A lei de talião visava promover ordem à aplicação da justiça humana. Naquela época, cerca de mil e duzentos anos antes de Jesus, era necessário implantar um regime rígido de leis e normas para a organização do povo hebreu, de forma a garantir a evolução e crescimento da nação.

Entretanto, com a segunda Revelação, Jesus apresentou esse assunto em dimensão mais elevada nos aproximando de um Deus que é um Pai Justo, infinitamente amoroso e misericordioso, que perdoa as nossas faltas e nos fornece oportunidades de revê-las e aprender com elas, crescendo espiritualmente.

Sendo, então, Deus um Pai Amoroso, misericordioso, soberanamente justo e bom, como explicar o mal que assola a humanidade desde seus tempos mais remotos, sem considerá-lo como castigo divino? Guerras, conflitos, pestes, doenças incuráveis, dores e sofrimentos incalculáveis, tudo isso seria retaliação divina pelos erros cometidos? Teria Deus, como criador de tudo no Universo, também criado o Mal em suas criaturas?

Essas questões permeiam a mente humana há muito tempo e alguém as respondeu de forma muito preciosa. Foi Aureliano Agostinho, bispo de Hipona (*antiga* cidade na Argélia), que viveu no séc. IV d.C., e ficou conhecido como Santo Agostinho. Em uma de suas obras, *O Livre-Arbítrio*, ele esclarece que, embora Deus tenha criado tudo o que existe, Ele não criou o mal, porque o mal não é algo, mas a falta ou a deficiência de algo. Diz que o maior bem que recebemos de Deus é a vontade livre (o livre-arbítrio) e que o mal está, no mau uso ou no abuso que se faz desse grande bem, dessa vontade.

O Espírito da Verdade também nos diz algo semelhante ao responder à questão 907 em *O Livro dos Espíritos*:

— "Visto que o princípio das paixões está na Natureza, ele é mau em si mesmo?"

Resposta:

"Não, a paixão está no excesso acrescentado à vontade, porque o princípio foi dado ao homem para o bem, e as paixões podem levá-lo a grandes coisas, sendo o abuso que delas se faz é que causa o mal."

11.2. Lei de Ação e Reação

O livre-arbítrio

As Leis Universais Divinas regem o funcionamento do Universo e de tudo o que é criado, seja no mundo visível e nos mundos invisíveis. Elas estão manifestas nas leis científicas que, estudando as formas e o funcionamento do Universo, conceituam esse funcionamento pela observação dos fenômenos, da experimentação, da confirmação e validação das ideias.

Por isso, a Lei Divina de Ação e Reação está refletida na Terceira Lei da Física, de Newton, que diz que a *toda ação corresponde uma reação de igual intensidade e direção, mas em sentido contrário.*

Sob a ótica espírita-evangélica, essa lei é enunciada como "*A semeadura é livre, mas a colheita é obrigatória*", significando que temos liberdade de vontade e ação ao mesmo tempo em que temos responsabilidade por essa ação. Ou seja, tudo o que fazemos retorna a nós mesmos: se nossas atitudes forem boas, trarão resultados bons e se forem más, trarão consequências más.

Mais uma vez, temos esse assunto esclarecido na questão 258 de *O Livro dos Espíritos*:

— "Quando na erraticidade, antes de começar nova existência corporal, tem o Espírito consciência e previsão do que lhe sucederá no curso da vida terrena?"

Resposta:

— **"Ele próprio escolhe o gênero de provas por que há de passar e nisso consiste o seu livre-arbítrio."**

a) — "Não é Deus, então, quem lhe impõe as tribulações da vida, como castigo?"

— **"Nada ocorre sem a permissão de Deus, porquanto foi Deus quem estabeleceu todas as leis que regem o Universo. (...)**

Dando ao Espírito a liberdade de escolher, Deus lhe deixa a inteira responsabilidade de seus atos e das consequências que estes

tiverem. Nada lhe estorva o futuro; abertos se lhe acham, assim, o caminho do bem, como o do mal.(...)"

A lei funciona no sentido de equilibrar, de regenerar o que foi danificado e promover o aprendizado e crescimento. Sendo assim, a Pedagogia Divina nos ensina, pela experiência, a sofrer em nós o mal que infligimos aos outros, entendendo todo o contexto desse mal e desejando não mais praticá-lo. Lembrando que o mal é a falta de amor, de respeito, de solidariedade e de boa vontade.

Liberdade e Responsabilidade

O ser humano é livre para realizar tudo que quiser, porém, conforme a lei de Ação e Reação, também chamada de lei do Carma, será chamado a responder por todos os seus atos. Somos herdeiros de nós mesmos, por isso, não há injustiça do Criador. Procuremos em nós mesmos as causas e, se não as encontrarmos na vida presente, sem dúvida elas estão radicadas em vidas anteriores, em outras encarnações. Aquele que hoje sofre sem causa aparente está resgatando uma ação do passado em que prejudicou ou fez alguém sofrer com a mesma intensidade com que está sofrendo hoje, portanto, somos os únicos responsáveis pelo nosso sofrimento ou pela nossa felicidade. Os outros não são responsáveis pelo nosso destino, pois como vimos no tópico anterior, antes de reencarnarmos e conforme nossa condição evolutiva, contribuímos com nosso planejamento reencarnatório, nas escolhas de nossas provas, na tentativa de reparar os erros outrora cometidos e ter uma nova oportunidade de aprendizado, em uma nova existência.

Emmanuel, na questão 241 do livro *O Consolador* nos esclarece um pouco mais:

"No trabalho de nossa redenção individual ou coletiva, a dor é sempre o elemento amigo e indispensável. E a redenção de um Espírito encarnado, na Terra, consiste no resgate de todas as suas dívidas, com consequente aquisição de valores morais passíveis de serem conquistados nas lutas planetárias, situação essa que eleva a personalidade espiritual a novos e mais sublimes horizontes na vida do Infinito."

É necessário entender o que significa pagar nossas dívidas, sofrer os males que infligimos aos outros, sentir o arrependimento real e decidir que não se quer mais esse mal, porque suportar, aguentar, sem entender o que isso significa em nossas vidas, ou seja, sofrer por sofrer, não nos traz redenção. Necessitamos aprender com as situações de dor e o que é necessário fazer para sairmos delas, pois sem aprendizado, sem atitudes novas em busca de valores morais, as lições se repetirão.

André Luiz, no livro *Ação e Reação*, nos diz que: - ***"Quanto mais amplitude em nossos conhecimentos, mais responsabilidade em nossas ações".*** Em outras palavras podemos dizer, que quanto maior for nosso estágio de aprimoramento evolutivo, maior liberdade temos em nossas ações, o que nos torna ainda mais responsáveis pelas consequências de nossas escolhas. E em sua obra, *Entre a Terra e o Céu*, nos esclarece que *"à medida que tomamos consciência e se nos engrandece a noção de responsabilidade, reconhecemos que a nossa dignificação espiritual é serviço intransferível".*

Diante do exposto acima, cabe unicamente, a cada um de nós o esforço em nossa melhoria interior. Fazer o que não nos agrada, mas é necessário para o nosso aprimoramento espiritual, e deixar de fazer o que nos agrada, mas não nos ajuda a melhorar interiormente. Ser atencioso ao sofrimento das outras pessoas, indulgentes com suas imperfeições, sem julgar ou criticar o que cada uma passa. Da mesma forma que recebemos a oportunidade de corrigir erros do passado, todas as pessoas também a recebem e, se alguém hoje passa situações de miséria, abandono ou doença grave, nosso sentimento deve ser de solidariedade e de suporte. Seria isso que nós desejaríamos que os outros fizessem a nós mesmos, como mais uma vez nos ensina André Luiz em seu livro *Libertação*: ***"A responsabilidade pelo aperfeiçoamento do mundo compete-nos a todos".***

Amor, Justiça e Caridade

Em *O Livro dos Espíritos*, encontramos o mecanismo de Ação e Reação apresentado no capítulo "Lei de Justiça, Amor e Caridade". No acerto com a nossa responsabilidade que decorre da liberdade exercida no passado, Deus oferece repetidas oportunidades de ajustamento.

Isso é Amor. Para isso o Criador não cobra pressa nas mudanças. Isso é Caridade. Deus julga a "qualidade", o sentimento na transformação. Isso é Justiça. Sempre é tempo para cada um se reconciliar consigo, com os outros, com a própria história.

Há uma solução para interrompermos as reencarnações sucessivas onde sofremos as mesmas atribulações e sofrimentos. Ao exemplificar o Amor e praticar o Perdão, o Mestre Jesus mostrou-nos como alterar a sequência lamentável das consequências de nossas más escolhas na experiência humana.

O Espiritismo veio acrescentar a noção de Liberdade à noção de Justiça trazida por Moisés e ao Amor vivido por Jesus. O ser humano é livre para realizar tudo que quiser, porém sendo justo e bondoso. O apóstolo Paulo também nos auxilia nessa compreensão da noção de liberdade e responsabilidade, quando nos convida a pensar que "*tudo nos é lícito, mas nem tudo nos convém*" (I Cor 6:12).

Liberdade e responsabilidade estão unidas inexoravelmente e o Espiritismo nos auxilia a entender que a pessoa que é capaz de amar e perdoar, a si próprio e aos outros, vivencia a Lei de Ação e Reação no seu patamar mais elevado.

O apóstolo Pedro nos recomenda ter *"...antes de tudo, ardente amor uns para com os outros, porque o amor cobre uma multidão de pecados"* (1 Pedro 4:8).

11.3. Referências Bibliográficas:

KARDEC, Allan - *O Livro dos Espíritos* - Livro II - cap. IV e VI; livro III - cap. XI e XII. 2005. Ed. IDE.

Santo Agostinho, *O Livre-arbítrio*, Tradução Nair de Assis Oliveira. SP: Ed. Paulus.

XAVIER, F. C /André Luiz, *Ação e Reação*, FEB.

XAVIER, F. C /André Luiz, *Entre a terra e o céu*, FEB, cap. 1.

XAVIER, F. C /André Luiz, *Libertação*, cap. 3, FEB.

XAVIER, F. C./Emmanuel. *O Consolador*, cap. V, questão 241, 26ª ed., FEB.

Capítulo 12

Esboço do Livro O *Céu* e o *Inferno*

12.1. Esboço do Livro *O Céu e o Inferno*

Em 1º de agosto de 1865, o codificador Allan Kardec lançou o livro *O Céu e o Inferno* ou *A Justiça Divina segundo o Espiritismo.* É um relato impressionante de Espíritos que contam, de forma eloquente, as experiências pelas quais passaram após a morte do corpo físico, em consequência de ações praticadas quando encarnados. São testemunhos pessoais e não invenções forjadas por algumas inteligências privilegiadas a serviço de dogmas ultrapassados e rejeitados pela evolução do pensamento.

Nesse livro se entende com clareza o ensinamento de Jesus de que é livre a semeadura, porém obrigatória a colheita. No Plano Espiritual, quando desencarnado, cada um colhe exatamente aquilo que semeou na Terra. Se cultivou amor, amor será colhido; se discórdia, também haverá discórdia na colheita. O livro mostra que não há um céu beatífico, dado de presente apenas para que se cumpram rituais exteriores. A felicidade dos Espíritos é sempre proporcional à felicidade que proporcionaram aos outros na Terra.

Também não há um inferno em que são condenadas as almas daqueles que erraram, às vezes até inconscientemente. Mostra a Justiça Divina em toda sua plenitude com o componente maravilhoso da Misericórdia. Todo erro precisa ser reparado. Por isso traz, muitas vezes, a dor e o sofrimento como consequência. Após a reparação, se está livre para continuar a caminhada.

O livro *O Céu e o Inferno* mostra também as consequências dos atos trágicos, como o suicídio e o homicídio, por exemplo. Apresenta o sofrimento desses infelizes no plano espiritual: o suicida e o assassino. Nenhum dos dois tem direito a cometer tal ato: tirar a própria vida ou a vida de um semelhante. A vida é dada pelo Pai e todos devem se submeter às suas Leis que regulam o equilíbrio no Universo. O suicídio é uma forma de descumprir essa Lei.

***

Kardec inicia o texto de *O Céu e o Inferno* comentando sobre o que as pessoas esperam encontrar após o desencarne. Conclui que a maioria das pessoas acredita na vida após a morte. Mas se indagam sobre como será a vida que espera na Espiritualidade.

A seguir comenta os diversos conceitos das pessoas a respeito do céu. Discorre ainda sobre o inferno, informando que o catolicismo, em meados do século XIX, imita o paganismo, mas com nuances mais graves e temíveis. Expõe, também, sobre o surgimento do purgatório. Arremata que o céu e o inferno não são lugares específicos no espaço, destinados ao descanso ou ao sofrimento eterno.

Kardec dedica todo um capítulo sobre a Doutrina das penas eternas: origens, argumentos a favor, e sua impossibilidade material, concluindo que esse pensamento pertenceu a um período da humanidade, mas que as comunicações dos Espíritos vieram provar o contrário.

Em outro capítulo aborda as penas futuras segundo o Espiritismo, escrevendo sobre a fragilidade do Espírito reencarnado e os princípios da Doutrina Espírita sobre as penas futuras.

Sobre os anjos, expõe os conceitos da Igreja Católica, refuta-os e esclarece o que diz o Espiritismo (que os mesmos são Espíritos desencarnados, protetores, de uma hierarquia mais elevada). No capítulo seguinte expõe sobre os demônios: origem da crença, os demônios segundo a Igreja e segundo o Espiritismo.

Comenta, ainda, sobre a intervenção dos demônios nas modernas manifestações e conclui a primeira parte do livro abordando a proibição de evocar os mortos, que consta da Bíblia.

***

Na segunda parte, Kardec relata o passamento e a situação em que os Espíritos das mais variadas condições se encontram, evidenciando suas impressões e seus conflitos psicológicos diante da realidade que vivenciam.

Transcorrido pouco mais de meio século após o texto de Kardec, Ernesto Bozzano pesquisou centenas de desencarnes, selecionou 17 e os relatou no ensaio *A Crise da Morte,* demonstrando haver diversos pontos em comum nos passamentos analisados:

- *Todos afirmam se terem encontrado novamente com a forma humana;*

- *Terem ignorado, durante algum tempo, que estavam mortos;*

- *Haverem passado, durante o desencarne, ou pouco depois, pela prova de reminiscência sintética de todos os acontecimentos da existência que se lhes acabava ("visão panorâmica" ou "epílogo da morte");*

- *Terem sido acolhidos no mundo espiritual pelos Espíritos das pessoas de suas famílias e de seus amigos mortos;*

- *Haverem passado, quase todos, por uma fase mais ou menos longa de "sono reparador";*

- *Terem reconhecido que o meio espiritual era um novo mundo objetivo, substancial, real, análogo ao meio terrestre;*

- *Haverem aprendido que isso era devido ao fato de que o pensamento constitui uma força criadora no mundo espiritual;*

- *Não terem tardado a saber que a transmissão do pensamento é a forma da linguagem espiritual, se bem que certos Espíritos recém-chegados se iludam e julguem conversar por meio da palavra;*

- *Terem verificado que, por causa da faculdade da visão espiritual, se achavam em estado de perceber os objetos de um lado e do outro, pelo seu interior e através deles;*

- *Haverem comprovado que os Espíritos podem se transferir temporariamente de um lugar para outro, ainda que muito distante, por efeito de um ato de vontade;*

- *Terem aprendido que os Espíritos dos mortos gravitam para a esfera espiritual condizente com seu adiantamento moral.*

Kardec dedicou sete capítulos de *O Céu e o Inferno* para relatar como estão os Espíritos após o desencarne.

Condição espiritual	**Relatos**
Espíritos felizes	18
Em condições medianas	06
Espíritos sofredores	10
Espíritos suicidas	09
Criminosos arrependidos	05
Espíritos endurecidos	05
Expiações terrestres	14

O desencarne assemelha-se muito a uma viagem internacional, no plano material. Se a intenção é ir para um país em que se julga haver o belo e o agradável, é preciso ser previdente. Prossigamos nessa analogia: procurar saber sobre os hábitos e costumes dos habitantes do local (equivale a desenvolver conhecimentos), procurar amealhar recursos financeiros para viver no país visitado (equivale a realizar boas obras) e estar em sintonia com o país visitado (equivale ao aperfeiçoamento moral).

Se não houve preocupação com o futuro, se não houve grandes méritos ou compromissos, vai-se para um país de condições medianas.

O comum para muitos viajantes é se ver na situação do passageiro que não está preparado para a viagem. Fica em um lugar em que tem dificuldades para se situar, fala com as pessoas e estas parecem não entendê-lo. Ele já não está em seu país de origem e não se situa no país de destino. Esta situação é que se designa, no meio espírita, como "estar no umbral". Essa palavra significa soleira ou batente de uma porta. A pessoa fica na passagem, com um pé no país de origem (plano material) e outro no país de destino (plano espiritual), sem desfrutar do benefício de estar em um deles.

Nos casos em que os "viajantes" ficam no umbral ou em locais de sofrimento, após um certo período, se arrependem de seus atos ou da negligência em se preparar para a vida futura e se lembram da existência de um Pai de infinita bondade, para pedir auxílio a fim de sair dessa situação. Equipes especializadas em resgates conduzem o viajante para tratamento e recuperação de suas energias. Depois são conduzidos para colônias, em que continuarão o aprendizado como oportunidade do trabalho redentor. Em *Nosso Lar,* André Luiz relata essa situação. O livro desse Espírito revela que a vida no plano material, de certa forma, imita a verdadeira vida, que é a espiritual.

***

Atualmente numerosos livros mediúnicos, de autores espirituais complementam *O Céu e o Inferno* – todos eles apresentando relatos de Espíritos desencarnados contando seus dramas e conquistas. Entre esses livros, se destaca, talvez como a mais importante, praticamente toda a série do Espírito André Luiz, a partir do livro *Nosso Lar,* psicografado por Francisco Cândido Xavier.

Uma lição interessante, para ilustrar a incoerência de céu e inferno, criada pela ortodoxia católica, está neste poema de Godoy Paiva, demonstrando a tamanha sensibilidade do poeta e escritor espírita que, num arroubo de expressão maior, pode contemplar em lindos versos a infeliz e paradoxal ideia cultivada por tanto tempo, sobre a forma injusta que se apresentavam o aspecto do plano espiritual:

JUÍZO FINAL

Sentado o Padre Eterno, em trono refulgente,
Olhar severo envia a toda aquela gente!

Enquanto uns anjos cantam, outros vão levando,
Ante a figura austera desse venerando
As almas que da tumba emigram assustadas
Vendo o tribunal solene, majestoso,
    Em que vão ser julgadas.
    Dois grupos são formados:
    Um de cada lado!
O da direita, céu; o da esquerda, Averno.
E Satanás a um canto, o chifre fumegante,
Espera impaciente, impávido, arrogante,
    A "turma" para o Inferno.

Aconchegando o filho, a alma bem amada,
E que na Terra fora algo desassisada,
Uma mulher se chega e a sua prece faz,
Rogando ao Padre Eterno poupe do Inferno
    O pobre do rapaz.

Cofia o Padre Eterno a longa barba branca,
E o óculo ajustando à ponta do nariz,
O olhar dirige então à pobre desgraçada,
    E compassado diz:

"Os anjos vão levar-te agora ao Paraíso
E dar-te a recompensa: o teu descanso eterno!
Ali desfrutarás felicidades mil,
Porém teu filho mau irá para o Inferno!"

Um anjo toma o moço e o leva a Satanás;
Porém a pobre mãe ao ver partir o filho,
Aflita, corre atrás!

E ao incorporar-se às hostes infernais,
Eis grita o Padre Eterno em tom assustador:
"Mulher! Para onde vais!!!

E o que passou-se então
Ninguém esquece mais!

"Eu vou para o Inferno, ao lado do meu filho,
A repartir comigo a sua desventura!
As lágrimas de mãe, as gotas do meu pranto
Acalmarão no Averno a sua queimadura!

Eu deixo para ti esse teu Paraíso,
Essa mansão celeste onde o amor é surdo!
Onde se goza a vida a contemplar tormento,
Onde a palavra Amor represa um absurdo!

Entrega esse teu céu às mães malvadas, vis,
Que os filhos já mataram para os não criar,
Pois só essas megeras poderão, no céu,
Ouvir gritar seus filhos, sem se consternar!

Desprezo esse teu céu! O meu amor é grande!
Imenso! Assaz sublime! E posso te afirmar

Que se não te comove o pranto lá do Inferno,
E os que no Averno estão são todos filhos teus,

O meu amor excede
Ao próprio amor de Deus!"

E ante o estupefato olhar do Padre Eterno,
A mãe beijou o filho... E foi para o Inferno!

12.2. Referências Bibliográficas:

BOZZANO, Ernesto. *A Crise da Morte,* FEB.

GODOY PAIVA, Benedicto. *Quando o Evangelho diz não!* LAKE.

KARDEC, Allan. *O Céu e o Inferno*. LAKE.

XAVIER, F. C /André Luiz. *Nosso Lar*. FEB

Capítulo 13

Envoltórios Espirituais, Perispírito e Corpo Etérico

13.1. O Espírito

O espírito é o princípio inteligente do Universo, não possuindo em si uma forma; entretanto, poderíamos associá-lo a um clarão, uma chama ou uma centelha etérea. Essa chama ou centelha, como encontramos em *O Livro dos Espíritos*, tem cor, variando do sombrio ao mais brilhante, conforme seja o Espírito mais ou menos puro. Essa centelha exerce sua influência em mundos diferentes, isto é, no mundo dos Espíritos e no mundo material. Ambos, porém, mundos de formas definidas.

Assim, os Espíritos estão por toda parte; povoam o espaço infinito. Embora seja o espírito uma centelha, seria impróprio chamá-lo de imaterial. Muitos assim o classificam, porque sua essência difere de tudo quanto conhecemos com o nome de matéria. Pode ser mais propriamente designado por incorpóreo, porque, sendo uma criação, é alguma coisa, como diz bem *O Livro dos Espíritos*, matéria tão eterizada que nos escapa aos sentidos.

Em *O Livro dos Espíritos*, temos na pergunta 27 a seguinte redação:

— "Há então dois elementos gerais do Universo: a matéria e o espírito?

— Sim e acima de tudo Deus, o criador, o pai de todas as coisas. Deus, espírito e matéria constituem o princípio de tudo o que existe, a trindade universal. Mas, ao elemento material se tem que juntar o fluido universal, que desempenha o papel intermediário entre o espírito e a matéria propriamente dita, por demais grosseira para que o espírito possa exercer ação sobre ela. (...)"

13.2. Perispírito

O mundo espiritual preexiste ao das formas mais grosseiras, isto é, o mundo material.

No mundo dos Espíritos, estes também se apresentam com formas que possibilitam a sua identificação e, para tanto, se utilizam de um corpo denominado perispírito.

O perispírito (peri – ao redor de, envolta de) é leve, fluídico, ponderável. O espírito, princípio inteligente do Universo, unido ao perispírito, é o que comumente os médiuns veem nas suas vidências. Assim, quando se vê um Espírito[26], em verdade está se vendo o seu perispírito. Uma das propriedades do perispírito é servir de elo entre o espírito e o corpo físico. Outro atributo do perispírito é o de funcionar como molde do corpo físico.

O perispírito é constituído de matéria sutil, quintessenciada, formada pelo fluido universal de cada globo onde devam exercer experiências. Daí não ser da mesma consistência em todos os mundos. O espírito continua sendo o mesmo, porém o perispírito guarda as características da matéria da qual se constitui o orbe onde o Espírito está adquirindo experiências.

O perispírito é altamente plasmável e registra todas as sensações, todas as emoções, a imagem e o som dos acontecimentos, gravando indelevelmente em si mesmo essas experiências. As sensações, sejam elas quais forem, são enviadas pelo corpo físico ao espírito via perispírito, sendo este apenas veículo, porque quem sente é o espírito. Da mesma forma, informações e respostas partem do espírito por intermédio do perispírito para o corpo físico.

[26] Espírito = espírito + perispírito. (Nota da Editora)

O perispírito grava os acontecimentos, portanto, ante um efeito, nele buscaremos a causa; eis porque a medicina do futuro se baseará no perispírito, exatamente porque nele estão as respostas da maioria das doenças. No perispírito descobrir-se-á a causa do desequilíbrio.

As nossas experiências estão arquivadas no perispírito, portanto podemos revivê-las quando nos utilizamos de processos capazes de trazê-las à tona.

Os fenômenos da bicorporeidade e o da transfiguração são produzidos pelo Espírito, que se utiliza do perispírito. Sobre o assunto, transcrevemos Kardec, quando nos diz em *O Livro dos Médiuns*, capítulo VII:

"Esses dois fenômenos são variedades de manifestações visuais. Por mais maravilhosos que possam parecer à primeira vista, facilmente se reconhecerá, pelas explicações que deles se podem dar, que não saem da ordem dos fenômenos naturais. Ambos se fundem no princípio de que tudo o que foi dito sobre as propriedades do perispírito após a morte se aplica ao perispírito dos vivos."

Ainda citando Kardec, conforme o mesmo livro e capítulo:

"... O Espírito de uma pessoa viva, afastado do corpo, pode aparecer como o de um morto, com todas as aparências da realidade. Além disso, pelos motivos que já explicamos, pode adquirir a tangibilidade momentânea. Foi esse fenômeno, designado por bicorporeidade, que deu lugar às histórias de homens duplos, indivíduos cuja presença simultânea se constatou em dois lugares diversos."

Na bicorporeidade, o encarnado desliga-se parcialmente do seu corpo físico e, enquanto este permanece adormecido em um local, o Espírito se desloca no espaço, tornando-se visível em outra localidade, às vezes muito distante de onde está o seu corpo. A visibilidade pode ser rápida e fugaz, ou nítida e prolongada. As faculdades mediúnicas de Santo Antônio de Pádua são inegáveis, tanto que são inúmeras as manifestações mediúnicas atribuídas a ele cujos registros levaram à sua canonização pela Igreja. Sobre a capacidade de bicorporeidade de Santo Antônio, no item 119 do mesmo capítulo acima citado, Allan Kardec narra: “Santo Antônio de Pádua estava pregando na Itália, quando seu pai, em Lisboa, ia ser supliciado sob a acusação de haver cometido um assassínio. No momento da execução, Santo Antônio aparece e demonstra a inocência do acusado. Comprovou-se que, naquele instante, Santo Antônio pregava na Itália, na cidade de Pádua”.

Outro exemplo da literatura espírita do fenômeno da bicorporeidade é este: Eurípedes Barsanulfo, médium extraordinário, estava em sala de aula no Colégio Allan Kardec, quando avisou aos alunos que o marido de uma senhora a quem ele acabara de realizar o parto estava chegando a cavalo. Entra então o homem à sala, esbaforido, pedindo que o Prof. Barsanulfo fosse correndo fazer o parto de sua esposa. Comunicou-lhe, então, Eurípedes que já havia realizado o parto e que tanto a mãe quanto a criança estavam bem. O homem não se convenceu e argumentou que não havia cruzado com ele no caminho da fazenda, insistindo que Eurípedes fosse com ele até a fazenda. Assim que lá chegaram, a parturiente exclamou: “Prof. Eurípedes, o senhor não precisava vir de novo, eu e o bebê estamos passando bem.” O professor regressou, então, ao colégio para dar continuidade à aula.

Já o fenômeno da transfiguração consiste na modificação do aspecto de um corpo vivo (encarnado). Será melhor continuar citando *O Livro dos Médiuns*, capítulo VII:

“A transfiguração pode ocorrer, em certos casos, por uma simples contração muscular, que dá à fisionomia expressão muito diferente, a ponto de tornar a pessoa quase irreconhecível. Observamo-la frequentemente com alguns sonâmbulos; mas, nestes casos, a transformação não é radical. Uma mulher poderá parecer jovem ou velha, bela ou feia, mas será sempre mulher e seu peso não aumentará e nem diminuirá. No caso de que tratamos é evidente que há algo mais. A teoria do perispírito vai nos pôr no caminho.

Admite-se em princípio que o Espírito pode dar ao seu perispírito todas as aparências. Que por uma modificação das disposições moleculares, pode lhe dar a visibilidade, a tangibilidade e, em consequência, a opacidade. Que o perispírito de uma pessoa viva, fora do corpo, pode passar pelas mesmas transformações, e que essa mudança de estado se realiza por meio da combinação dos fluidos.

Imaginemos então o perispírito de uma pessoa viva, não fora do corpo, mas irradiando ao redor do corpo, de maneira a envolvê-lo como uma espécie de vapor. Nesse estado ele pode sofrer as mesmas modificações de quando separado".

Nas transfigurações ocorrem modificações nas propriedades do perispírito, que se refletem no corpo físico. O fenômeno resulta, portanto, de uma transformação fluídica; é uma espécie de aparição perispirítica, que se produz sobre o próprio corpo do vivo (encarnado).

"Seis dias depois, tomou Jesus consigo a Pedro, e a Tiago, e a João, seu irmão, e os conduziu em particular a um alto monte. E transfigurou-se diante deles; e o seu rosto resplandeceu como o sol, e as suas vestes se tornaram brancas como a luz".

(Mateus, 17: 1-2)

O perispírito, ou mediador plástico, também denominado Modelo Organizador Biológico (MOB), como alguns preferem, é mencionado em várias filosofias ou religiões, ou ainda seitas, as quais citamos algumas a seguir:

1. No Hinduísmo, como *Mano-Maya-Kosha* (*Manomaya kosha* composto de manas ou mente. Diz-se que a mente, juntamente com os cinco órgãos sensoriais, constitui o *manomaya kosha*);

2. No Budismo Tibetano, como *Kâma rupa*, também conhecido como corpo de desejos, corpo emocional ou corpo astral, designa na teosofia e em algumas correntes rosacrucianas, um dos princípios da constituição humana;

3. No *Zend Avesta*, coleção de livros sagrados do zoroastrismo, religião fundada na antiga Pérsia pelo profeta Zaratustra, como *Baodhas*;

4. Pitágoras (570 - 495 a.C) filósofo e matemático grego o chamava de Carne Sutil da Alma;

5. Aristóteles (385 a.C - 323 a.C) filósofo grego o chamava de Corpo Sutil e Etéreo;

6. Leibnitz (1646 - 1716) importante filósofo alemão, cuja maior contribuição na área da metafísica foi sobre a teoria das mônadas, o chama de Corpo Fluídico;

7. Annie Besant (1847 - 1933) no livro "O Homem e seus Corpos", declara que "*todos os átomos físicos têm invólucros astrais; a matéria astral forma o que poderíamos chamar de matriz da matéria física*";

8. Helena Blavatsky (1831 - 1891) no livro "Doutrina Secreta" vol. 1, declara "*a matéria é o veículo para a manifestação da Alma neste plano de existência, e a Alma é o veículo num plano mais elevado de manifestação do espírito, e estes três são uma Trindade, sintetizada pela Vida que os penetra a todos*".

O apóstolo Paulo (1ª. Tess 5:23) considera o homem como uma figura trina, constituído por espírito-alma-corpo, exercendo a alma a função de mediador plástico.

Assim, o perispírito não é uma descoberta do Espiritismo. Ele apresenta no seu todo um estado vibratório, porém mais denso ou mais sutil, dependendo do campo desse corpo. Como o espírito não pode exercer diretamente a sua função sobre a matéria, e necessita deste corpo intermediário, é de esperar que a força vibratória do corpo perispiritual seja mais sutil do "lado" voltado para o espírito, e mais densa do "lado" mais próximo ao corpo físico.

Pode-se perceber que o perispírito tem várias gradações, ou é constituído de vários corpos, cada um com funções específicas, assunto que não cabe se aprofundar neste capítulo, por se tratar de um texto introdutório.

13.3. Duplo Etérico

O duplo etérico tem funções próprias, as quais devem ser conhecidas. Muitos o incluem como parte integrante do perispírito, atribuindo a este corpo qualidades e propriedades exclusivas do duplo etérico.

Parece mais apropriada então esta classificação: **corpo físico** (incluindo o duplo etérico ou corpo vital), o **perispírito** e o **espírito**.

Cada corpo está ligado com o seu mundo próprio. Assim, o corpo físico e o seu duplo, isto é, o duplo etérico, ambos de natureza física, estão ligados, portanto, ao mundo terrestre, físico; o corpo astral ou perispírito, ligado com o mundo astral; o espírito ligado com os mundos espirituais ou divinos, conforme a sua evolução.

Tem o corpo etérico funções importantes, entre as quais a de vitalizar o corpo físico. Seu elemento constituinte permite ainda produzir fenômenos de materialização em todas as suas modalidades conhecidas, fornecendo para tanto o **ectoplasma** (designação dada por Charles Richet), substância de aparência gelatinosa. Por ser o duplo etérico organizado com éteres de características puramente físicas, fica-lhe vedada a penetração no mundo astral, principalmente pela sua densidade. O duplo etérico volta ao todo, isto é, num intervalo de algumas horas a alguns dias após a morte do corpo físico, ele se desintegra.

Traduz-se por grande sofrimento o fato de em alguns desencarnes o perispírito estar impregnado da matéria que compõe o duplo etérico, impedindo assim um desligamento mais rápido. Nessas condições, um odor desagradável é exalado, próprio de matéria em decomposição.

O duplo etérico serve de modelo para a constituição do corpo físico, possuindo em si os centros de força (*chacras*) de que nos fala André Luiz, por meio dos quais o corpo físico recebe energias cósmicas necessárias à sua sobrevivência. Os centros de força também localizados no perispírito se constituem em verdadeiros canais, por meio dos quais o Espírito comanda o corpo físico e recebe informações do mundo material. Esses centros estão ligados, no corpo físico, aos plexos nervosos.

Neste estudo não cabe um aprofundamento maior sobre o assunto; porém é preciso esclarecer que esses corpos se interpenetram, os mais sutis nos mais densos, não sendo, portanto, corpos estanques.

Como se vê, o assunto é apaixonante e merece, de cada um, uma pesquisa mais alentada, para que possamos conhecer todos os recursos que estão à nossa disposição em cada mundo onde nos manifestamos.

13.4. Aura

Um dos envoltórios espirituais é designado por **aura**, que é em verdade uma projeção do perispírito. A aura tem uma forma ovalada e envolve o Espírito, refletindo assim o seu estado mental, suas emoções. Ela mostra o que o Espírito é, o seu grau evolutivo, suas conquistas. Sendo uma projeção, o Espírito pode extravasá-la inclusive além da fronteira do corpo físico; portanto, os Espíritos, por meio dela, podem se unir a outros Espíritos num entrelaçamento harmonioso. É possível, ainda, fazer o exame da aura, em que determinados aspectos podem ser detectados pelos médiuns.

Envolvendo a aura existe a **película áurica**, como se fosse um filme, onde é projetado tudo o que o campo emocional do Espírito encerra. Essa película acompanha o Espírito, mesmo quando desencarnado, exibindo, assim, o que o Espírito é em realidade. Daí a afirmação de Emmanuel de que a morte coloca o indivíduo diante de si mesmo.

13.5. Referências Bibliográficas:

KARDEC, Allan. *O Livro dos Espíritos*. Tradução de Guillon Ribeiro. 33ª ed. FEB, 1974. Capítulos I e II.

KARDEC, Allan. *O Livro dos Médiuns*. Tradução de Guillon Ribeiro. 57ª ed. FEB, 1990. Segunda Parte.

FREIRE, Antonio J. *Da Alma Humana*. 2ª ed. FEB. Capítulos I, II, III e IV.

Capítulo 14

Esboço do Livro *A Gênese*
Os Milagres e as Predições segundo o Espiritismo

14.1. Introdução

Último livro do codificador, editado em janeiro de 1868, pouco mais de um ano antes do desencarne de Allan Kardec, *A Gênese* é, acima de tudo, um livro científico. Um texto em que é patente a preocupação de Kardec em fortalecer o lastro científico da Doutrina Espírita, tão necessário para que o aspecto religioso – o mais importante dos três componentes – pudesse subsistir enfrentando a verdade face a face.

No prefácio de *A Gênese,* Kardec afirma que no Espiritismo não se encerram mistérios nem teorias secretas. Tudo nele tem de estar patente a fim de que todos o possam avaliar com conhecimento de causa; e que não é uma obra transmitida por um único Espírito, mas resultante do ensino coletivo e simultâneo.

14.2. O Ser Humano Frente ao Universo

Nos primeiros capítulos, o livro começa abordando as características da revelação espírita, para legitimar o processo pelo qual foi recebido, faz considerações a respeito da existência de Deus, dos instintos dos seres vivos e da inteligência. Depois se estende sobre o Bem e o Mal.

Do capítulo 4 ao 9, discorre sobre o desempenho da Ciência na compreensão da Gênese, sobre o desenvolvimento dos sistemas do mundo antigo e moderno. Há uma síntese sobre a formação do Universo, dos sistemas solares, o éter espacial, a matéria, os diferentes mundos, a Terra e seus períodos, o tempo e a sua relatividade. Se aí houvesse apenas a descrição desses fenômenos, estar-se-ia diante de uma obra de Astronomia ou de Geografia. Contudo, a cada relato, há a análise do porquê de tal fenômeno, com o desenvolvimento filosófico do pensamento humano perante tais grandezas.

14.3. Da Evolução das Espécies e dos Mundos

A partir do capítulo 10, Kardec define o princípio vital presente na matéria orgânica e elabora questionamentos a respeito da geração espontânea, tese pela qual os seres surgiriam do nada. Ele delineia a escala dos seres vivos e utiliza argumentos irrefutáveis ao tratar da condição humana como mais um elo na cadeia evolutiva. A descrição está no item 28:

"Acompanhando-se passo a passo a série dos seres, dir-se-ia que cada espécie é um aperfeiçoamento, uma transformação da espécie inferior."

E também no item 29:

"Ainda que isso lhe fira o orgulho, tem o homem que se resignar a não ser no seu corpo material mais do que o último anel da animalidade na Terra."

Continuando no item 29, Kardec relembra mais uma vez o valor do princípio espiritual:

"Mas, quanto mais o corpo diminui de valor aos seus olhos, mais o princípio espiritual cresce em importância; se o primeiro o coloca ao nível do animal, o segundo o eleva a uma altura incomensurável. Vemos o círculo em que se detém o animal: não vemos o limite onde pode chegar o Espírito do homem."

Em seu capítulo 11 (Gênese Espiritual), são explicadas a diferença entre o princípio espiritual e o princípio vital, a Lei do Progresso Espiritual, e a condição do perispírito.

Do item 18 ao 22 há a descrição fabulosa de como o Espírito vai estreitando os laços reencarnatórios com o novo corpo. Do item 28 ao 32 tem-se a origem do ser humano na Terra, como e por que houve o aparecimento do homem, com suas raças, em pontos tão distantes do planeta (e com culturas tão similares) e outros com tão diferentes graus de evolução.

Particularmente nos itens que tratam da doutrina dos anjos decaídos se encontra a justificação da raça adâmica, melhor provida intelectualmente, e sua missão de progresso junto aos que já habitavam a Terra.

14.4. A Gênese Mosaica

No capítulo 12, Kardec analisa a Gênese mosaica e faz um breve paralelo sobre o esboço geológico da Terra, apresentado de forma científica com os conhecimentos da época, e os seis dias da Criação da Gênese de Moisés. Como esclarecimento dessa análise, traz ele:

"Sobre alguns pontos, certamente, há uma concordância notável entre a Gênese de Moisés e a Doutrina científica; mas seria errado crer-se que basta substituir os seis dias, de vinte e quatro horas, da criação, por seis períodos indeterminados para se encontrar uma analogia completa; seria um erro, não menos grave, o crer que, salvo o sentido alegórico de algumas palavras, a Gênese e a ciência se seguem passo a passo, e não são senão a paráfrase uma da outra."

Para efeito de comparação, o que temos hoje:

Segundo a gênese mosaica: *"Tudo era trevas e Deus fez a luz. Criou o céu e a terra, a noite e o dia, e o firmamento".*

A palavra firmamento é usada em decorrência da crença antiga de que a Terra era plana e de que o céu fazia uma curva. Tudo que estivesse acima de nossas cabeças não cairia, estaria *firme.*

Segundo a ciência: Houve uma concentração imensa de átomos em um único ponto. Essa condensação gerou um grande potencial de energia, elevando a temperatura a bilhões de graus. Esse aumento de temperatura causou uma grande explosão, o *Big Bang,* há cerca de 14 bilhões de anos.

Decorrentes de uma explosão, têm-se luz e fragmentos. Esses fragmentos são atualmente as nebulosas, com suas constelações e sistemas planetários, que se afastam de um ponto central. Entre os sistemas planetários formados, há o nosso Sol e seus planetas.

Segundo a gênese mosaica: *"Houve a formação e separação das águas superiores e inferiores".*

Seria difícil entender, ao tempo de Moisés, explicações das mudanças de estados físicos da água.

Segundo a ciência: Da explosão surgiram muitos gases. O mais abundante no espaço é o hidrogênio. Os choques de partículas (prótons, elétrons, nêutrons) formaram os elementos químicos. A princípio a Terra estava muito aquecida. Após milhões de anos houve um pequeno resfriamento de sua crosta. À sua volta se formaram gotículas de chuva, ocupando vales e reentrâncias, formando mares e oceanos.

Segundo a gênese mosaica: *"As águas inferiores juntam-se em um só lugar e aparece o elemento árido terra. E produza a terra a erva verde e que dê sementes segundo sua espécie e árvores que dão frutos".*

Segundo a ciência: Estando a Terra ainda morna, e sendo também aquecida pela luz do Sol, as águas, compondo uma sopa orgânica, em que moléculas, compostos nitrogenados e gases interagiram e formaram as primeiras sequências de proteínas. Estas, por ação de radiações, foram ficando cada vez mais complexas, até conseguirem se autoduplicar e se fechar em si mesmas. Surgiram as primeiras células. Contudo, não eram vegetais, pois para realizar fotossíntese, se exige muita complexidade de reações e tais organismos eram extremamente simples. E o que seriam? Bactérias, protozoários e depois, bem depois, as primeiras algas.

Prossegue o estudo da gênese mosaica e seu paralelo com a ciência.

Segundo a gênese mosaica: *"Surjam luzeiros no firmamento, e separe-se o dia e a noite e sirvam os sinais para distinguir os dias e os anos".*

Segundo a ciência: Atmosfera se purificando de gases nocivos, pois, com as algas, se inicia a produção de oxigênio. A vida torna-se mais complexa, surgindo plantas mais desenvolvidas. Na sequência animal aparecem os primeiros seres multicelulares, que vão sofrendo inúmeras mutações, por causa da incidência das radiações cósmicas e solares na Terra.

Segundo a gênese mosaica: *"Produzam as águas, peixes e répteis animados e viventes, e aves que voam e se reproduzam e povoem a terra".*

Há, aqui, a observar a fidelidade na sequência mosaica. Não surge a vida sem que se tenha criado a água. Surgem primeiro os peixes, depois os répteis e, a partir destes, as aves.

Segundo a ciência: Após a multiplicação dos seres invertebrados aquáticos e terrestres, surgem os primeiros vertebrados (ainda aquáticos). Após novas mutações alguns peixes conseguiram respirar fora da água. Abriu-se então a oportunidade dos seres terrestres, os anfíbios. Com o aparecimento das cascas dos ovos, os répteis, que dominaram a Terra no Período Mesozoico. Os menores, após mutações genéticas, deram origem às aves.

Segundo a gênese mosaica: *"Produza a terra animais selváticos e animais domésticos, vivendo segundo a sua espécie. Façamos o homem segundo nossa imagem e semelhança. E Deus criou o homem segundo sua imagem e semelhança, criou-os varão e fêmea. Abençoou-os e disse: Crescei e multiplicai-vos e povoai toda a terra".*

Em todas as edições bíblicas, quando da criação do ser humano, o verbo está no plural (façamos...). O que leva à reflexão de que Deus tenha consultado seus auxiliares celestes na criação do homem.

Ao analisar a frase *"à sua imagem e semelhança"*, é preciso considerar que Deus quer que o ser humano reflita Sua imagem de bondade, de justiça, de misericórdia, de amor. Como semelhança existe a capacidade de discernir o bem do mal, o certo do errado, pela faculdade, que Ele nos deu, de raciocínio.

Segundo a gênese mosaica: *"E o Senhor Deus formou, pois, o homem do barro da terra e inspirou no seu rosto um sopro de vida".*

Todos os elementos químicos presentes na terra, como o carbono, substâncias nitrogenadas, sódio, potássio, ferro etc. estão em nosso corpo. Nossos corpos são formados de compostos químicos orgânicos e inorgânicos. Fazemos parte de uma cadeia alimentar, pois quando nossa matéria não tem mais vida, o corpo se decompõe e esses elementos retornam ao solo, para que os vegetais os absorvam e possam alimentar outros seres, cumprindo a reciclagem dos elementos.

14.5. Os Milagres e as Predições

Finalizando, do capítulo 13 ao 18, Kardec fala das ocorrências que são descritas como milagres no Evangelho e das predições.

Assunto muito controvertido, pois o milagre, em conceito, se trata de uma ocorrência em que é derrogada uma lei natural. Ora, sendo lei natural, é uma lei de Deus. Se Deus fizesse a lei e, em determinadas ocasiões a derrogasse, a lei não seria perfeita. Logo, milagre, como derrogação da lei, não existe. Na realidade, o que se entende por "milagre" é pura e simplesmente a manipulação de uma lei natural ainda desconhecida dos homens em geral. Assim, os chamados milagres do Evangelho seriam a ação sábia de Jesus manipulando forças, na época (e ainda hoje, a maioria delas) desconhecidas da humanidade.

Todos esses fatos estão cientificamente explicados em *A Gênese,* demonstrando que o Espiritismo procura sempre compreender os acontecimentos dentro da ordem natural e nunca na órbita do chamado "sobrenatural" ou milagroso.

A mesma trajetória percorre o codificador, ao tratar das profecias. Kardec apresenta teorias a respeito da faculdade de prever acontecimentos futuros, demonstrando que, quanto mais evoluído é o Espírito, maior sua capacidade de compreender a marcha dos fatos, sem com isso derrogar o livre-arbítrio, que é atributo indelével conferido por Deus às criaturas. Fala também das predições do evangelho, fazendo uma análise equilibrada das ocorrências.

No capítulo 18, ele aborda os sinais dos tempos e de como tudo em verdade é parte de um mecanismo mais amplo, pois tudo é harmonia na criação e que tudo em nosso globo está submetido à lei do progresso. Reforça a importância do progresso moral da humanidade e a nova geração que deverá se estabelecer sobre a Terra, mais justa, pacífica e fraterna, não havendo mais lugar para aqueles que fazem o mal.

14.6. Referências Bibliográficas:

ARMOND, Edgard. *Os Exilados da Capela*, Editora Aliança.

KARDEC, Allan. *A Gênese, os Milagres e as Predições segundo o Espiritismo*, FEB.

RIZZINI, Carlos Toledo. *Evolução para o Terceiro Milênio*, Edicel.

XAVIER, F. C./Emmanuel. *A Caminho da Luz*, FEB.

XAVIER, F. C /André Luiz, *Evolução em Dois Mundos*, FEB.

Capítulo 15

Retorno à Vida Corporal

15.1. Recordações de Existências Anteriores

Vimos em capítulo anterior que a reencarnação é uma necessidade evolutiva para o Espírito. Por meio dela o Espírito faz experiências e adquire sabedoria e amor, como também é pelas sucessivas reencarnações que se pode explicar a misericórdia divina.

Então, já que é tão importante a reencarnação, sabem os Espíritos quando ela acontecerá?

Dizem-nos os Espíritos que trabalharam com Kardec (*O Livro dos Espíritos* — Pergunta 330): **"Pressentem-na, como o cego que sente o fogo de que se aproxima. Sabem que devem retomar um corpo, como vós sabeis que um dia haveis de morrer, mas ignorais quando isto acontecerá".**

Nem todos os Espíritos compreendem bem a reencarnação e muitos nem a percebem; esta condição depende muito do estado evolutivo de cada um. Casos há em que a reencarnação se torna uma necessidade e o Espírito reencarna compulsoriamente. No entanto, Espíritos existem que podem retardar a reencarnação, ou mesmo abreviá-la. Evidentemente que o retardamento sempre ocasiona um sofrimento para o Espírito, mesmo porque a sua marcha evolutiva fica retida. As reencarnações obedecem a critérios especiais, isto é, não são obras do acaso. Existem equipes no mundo espiritual que se incumbem dessa tarefa. Os Espíritos reencarnam em corpos que lhes podem proporcionar todas as experiências e manifestações necessárias àquela nova encarnação; muitos, pelo seu grau de entendimento, podem colaborar na escolha do corpo a ser utilizado em conjunto com os Espíritos encarregados dessa tarefa. Mesmo antes da união entre o corpo e o Espírito, este pode recuar, utilizando o seu livre-arbítrio, e, em muitos casos, pode ocorrer a morte prematura. Estados vibratórios incompatíveis de ambas as partes ou de uma delas, seja o reencarnante ou os pais, provocam desequilíbrios que afetam o processo, rompendo o ato reencarnatório.

Não só o desencarne é perturbador para o Espírito, já que a passagem desta para outra dimensão provoca um desequilíbrio intenso, aliado à incerteza do que encontrará na vida espiritual. O reencarne é também altamente perturbador. Sobre o assunto transcrevemos Kardec (Pergunta 340 de *O Livro dos Espíritos*):

"É um momento solene aquele em que o Espírito deve reencarnar-se? Realiza ele um tal ato como coisa grave e importante para si?"

"— É como um viajante que parte para uma travessia perigosa e que não sabe se encontrará a morte nas vagas que vai afrontar."

Continuando, Kardec nos diz:

"O viajante que embarca sabe a que perigos se expõe, mas não sabe se naufragará. O mesmo se dá com o Espírito: conhece o gênero das provas a que se submete, mas ignora se sucumbirá.

Assim como a morte do corpo é uma espécie de renascimento para o Espírito, a reencarnação lhe é uma espécie de morte, ou antes, de exílio e clausura. Deixa o mundo dos Espíritos pelo mundo corpóreo, como o homem que deixa o mundo corpóreo pelo mundo dos Espíritos. O Espírito sabe que reencarnará, do mesmo modo que o homem sabe que morrerá.

Como este, entretanto, conserva a consciência até o último momento, quando chega o tempo marcado. Então, nesse momento supremo, é tomado por uma perturbação, semelhante à do homem em agonia, e essa perturbação persiste até que a nova existência esteja formada com nitidez. A proximidade da reencarnação é uma espécie de agonia para o Espírito."

Há que se considerar, porém, o grau de evolução do Espírito no momento da reencarnação. Para os primitivos, a vida no plano espiritual é difusa e até estranha, pois, ainda muito afinados com a matéria física, é nela que se sentem confortáveis. A volta à vida corporal é, para eles, um prêmio que muitos anseiam. Por outro lado, Espíritos adiantados encontram na vibrátil e ampla vida espiritual o seu verdadeiro lar e, portanto, a vida no plano físico lhes é constrangedora, ainda que cheia de experiências evolutivas.

A união entre o Espírito e o corpo começa com a concepção. A ligação é feita por meio de um laço fluídico. A plenitude desta ligação ocorrerá muito depois, ocasião em que o Espírito toma definitivamente as rédeas do corpo físico. Diz-nos André Luiz que este fato ocorre por volta dos 7 anos de idade. No momento da concepção, a perturbação do Espírito aumenta, o nascimento está próximo, suas ideias se apagam, como também a lembrança do passado, do qual já não tem mais consciência. Essa lembrança só lhe volta, pouco a pouco, quando de retorno à vida espiritual. Na nova existência, as faculdades se desenvolvem gradativamente. O Espírito aprende a movimentar-se outra vez, as ideias e lembranças lhe vêm aos poucos. As tendências tornam-se vivas. Ele mostra, pelo seu procedimento, o seu grau evolutivo.

Os desencarnes prematuros devem ser considerados em alguns casos como necessidade do Espírito de purgar cargas vibratórias no feto ou no corpo físico, ou como necessidade de aprendizado para o próprio Espírito ou para os pais, estando, entretanto, em qualquer hipótese, envolvidos em compromissos anteriores. Outras vezes, o fato se deve a acidentes, despreparo, imprudência. No que se refere ao aborto deliberado, há sempre um crime se existir a transgressão da Lei Divina. É preciso levar em conta que, ante perigo iminente para a mãe, menor prejuízo seria o sacrifício daquele que, embora ligado ao corpo físico, ainda não tivesse completado a reencarnação.

O corpo constitui-se, portanto, no invólucro que o Espírito usa quando encarnado. As faculdades morais e intelectuais são conquistas do

Espírito que anima esse corpo. Encarnação após encarnação, o Espírito progride; seu avanço numa encarnação pode dar-se no campo moral e noutra mais no campo intelectual, ou ainda em ambos. Entenda-se, portanto, que em casos de loucura ou outras doenças mentais, não se trata absolutamente de um Espírito que não tenha o intelecto desenvolvido, mas de um Espírito que habita um corpo incapaz de lhe proporcionar uma manifestação clara das suas faculdades. É a Lei de retorno ajustando o equilíbrio do Espírito por meio das inibições do corpo, provocando o resgate dos abusos verificados em outras existências. Muitos gênios têm provocado absurdos crimes contra a Humanidade; a dor, porém, faz com que o Espírito reflita e reformule a sua conduta. As simpatias ou antipatias existentes entre os Espíritos têm origem na afinidade vibratória, na similitude de pensamentos, pelos quais se atraem ou se repelem. A Misericórdia Divina atua aqui de forma interessante, pois o esquecimento do passado, ou o fato de não se recordar de existências anteriores, causa menos inconvenientes do que causaria a sua lembrança.

Nesse ponto voltamos a Kardec e transcrevemos suas observações anotadas no capítulo VII, Livro Segundo, de *O Livro dos Espíritos*:

"Se, durante a vida corpórea, não temos uma lembrança precisa daquilo que fomos e do que fizemos de Bem e de Mal em nossas existências pretéritas, temos a sua intuição; e nossas tendências instintivas são uma reminiscência do nosso passado, às quais a nossa consciência, que é o desejo por nós concebido de não mais cometermos as mesmas faltas, adverte-nos que devemos resistir."

Continua Kardec:

"Não há no esquecimento dessas existências passadas, sobretudo quando foram penosas, algo de providencial, onde se revela a sabedoria divina? Quando a lembrança das existências infelizes já não é mais que um sonho mau, é nos mundos superiores que elas se apresentam à memória.

Nos mundos inferiores, as desgraças presentes não seriam agravadas pelas lembranças de todas as outras que se suportou? Concluamos, pois, que tudo quanto Deus faz é bem feito e não nos cabe criticar as suas obras e dizer como ele deveria ter regulado o Universo.

A lembrança de nossas personalidades anteriores teria graves inconvenientes: poderia, em certos casos, humilhar-nos sobremaneira; noutros, poderia exaltar-nos o orgulho e, por isso mesmo, entravar o nosso livre-arbítrio. A fim de nos melhorarmos, concedeu-nos Deus justamente o que nos é necessário e suficiente; a voz da consciência e as nossas tendências instintivas; tira-nos, porém, aquilo que nos pode ser prejudicial.

Acrescente-se, ainda, que, se tivéssemos a lembrança de nossos atos pessoais anteriores, teríamos igualmente a dos alheios, e que um tal conhecimento poderia ter os mais desagradáveis efeitos nas relações sociais. Não havendo sempre razão para nos gloriarmos de nosso passado é, por vezes, uma felicidade que um véu tenha sido lançado sobre ele. Isto concorda perfeitamente com a Doutrina dos Espíritos sobre os mundos superiores ao nosso. Nesses mundos onde só reina o bem, a lembrança do passado nada tem de penosa. Eis porque aí é recordada a existência anterior, do mesmo modo que nos lembramos daquilo que fizemos na véspera. Quanto ao estágio que possamos ter feito em mundos inferiores, como já vos disse, não passa de um sonho mau".

15.2. Necessidade da Prática do Bem

Em determinado ponto da sua evolução, o Espírito sente necessidade da prática do Bem, porque essa atitude lhe é mais gratificante. Compreende que o fundamental na sua vida é refletir nos seus atos a grandeza do Pai que o criou. A evolução no Mal já não lhe provoca prazer. As paixões começam a ser dominadas. Os vícios são agora trocados pelas virtudes.

O homem começa a se conhecer. Nesse ponto adquire forças para mergulhar dentro de si, perceber os vícios, as paixões, os defeitos, e começa o combate para substituí-los. À medida que vai anotando sucessos, evolui, e quanto mais evolui, mais apto está para socorrer o seu semelhante e fazer progredir a Humanidade. No homem evoluído, a prática do Bem é uma atitude espontânea, sem forçamentos; ele age com naturalidade. À medida que vai fazendo o seu semelhante feliz, ele também assim se sente. Aliás, é preciso percebermos que a felicidade se encontra em nós mesmos e jamais nas coisas que nos cercam.

15.3. A Formação Cristã da Família

Os Espíritos, quando encarnados, se unem na maioria das vezes pelos laços carnais, por sentimentos de paixão, por interesses materiais, conveniências; tanto é verdade que assistimos a inúmeras separações por falta total de entendimento, ou porque aqueles interesses foram alterados. Os laços espirituais, aqueles que se constituem na mútua afeição, afinidade adquirida ao longo dos tempos, nem sempre são observados pelos seres humanos. Espíritos afins, simpáticos entre si, retornam nos lares da Terra para novas experiências, conclusão de trabalhos deixados em encarnações anteriores e aprimoramento moral e espiritual; e muitas vezes recebem, como filhos, Espíritos necessitados desses exemplos, a fim de instruí-los e educá-los.

Nem sempre, porém, os lares são assim constituídos; por vezes Espíritos necessitados de entendimento mútuo se reencontram para diminuir as desavenças passadas. As uniões familiares são sempre ricas de experiências e oportunidades. É um adestramento extraordinário para os Espíritos, quer os que recebem a tarefa de ser pais, quer os que serão filhos, que evidentemente poderão constituir no futuro sua própria família. A força da união conjugal é tão grande que as famílias se dividem, para na verdade se multiplicarem. A verdadeira família é a família espiritual, portanto, a atividade dentro do lar deve levar os Espíritos para essas conquistas. Respeito entre os cônjuges, conduta irrepreensível, inclusive porque essa afeição mútua deve se estender carinhosamente aos filhos.

Aos filhos compete honrar pai e à mãe, como diz Kardec no livro *O Evangelho segundo o Espiritismo*, capítulo XIV; não devem apenas respeitá-los, mas também assisti-los em suas necessidades; proporcionar-lhes o repouso na velhice; cercá-los de solicitude, como eles fizeram por nós na infância. Deveres e obrigações dos pais para com os filhos, e destes para com os pais, devem ser respeitados. Os Espíritos que assim agirem estarão demonstrando conquistas morais e espirituais. Respeito à pátria que os acolhe, ao trabalho, aos direitos humanos, são características de um lar cristão, porque, como é sabido, a família se constitui na célula que forma uma pátria segura. Dentre as características de um lar cristão não se pode deixar de falar do respeito ao Criador. O lar bem constituído deve religar-se com o Pai Celestial, e isto se faz por uma conduta ilibada, por respeito aos semelhantes e às coisas que estão neste mundo à nossa disposição, servindo-nos para evoluir espiritual e moralmente.

15.4. Conclusão

Para encerrar este capítulo, as palavras de Miguel Vives y Vives, contidas no capítulo VI, da 2ª parte do livro *O Tesouro dos Espíritas*.

"Cremos que o espírita, em todas as situações da vida, há de portar-se como bom filho, bom esposo, bom pai, bom irmão e bom cidadão; assim como praticante da lei divina, cujo sentido prático está no ensinamento e no exemplo do Senhor e Mestre: será luz para iluminar os que estão ao seu redor; será mensageiro de paz e de amor para todos; e levará a paz das Moradas da Luz até os homens da Terra."

15.5. Referências Bibliográficas:

ARMOND, Edgard. *A Dupla Personalidade*, Editora Aliança.
KARDEC, Allan. *O Evangelho segundo o Espiritismo*, FEB.
KARDEC, Allan. *O Principiante Espírita*, LAKE

KARDEC, Allan. *O Livro dos Espíritos*, FEB.

MAIA, João Nunes. *Alguns Ângulos dos Ensinos do Mestre*, Ed. Fonte Viva.

VIVES, Miguel Vives Y. *Tesouro dos Espíritas*, Ed. Edicel.

Capítulo 16

Esboço do Livro *O Evangelho segundo o Espiritismo*

16.1. Introdução

"Pergunta: Qual é o guia seguro para a prática dos ensinamentos morais que orientam e nos conduzem nesta encarnação?

Resposta: *O Evangelho segundo o Espiritismo* – onde encontramos explicação para as máximas morais do Cristo em concordância com o Espiritismo e sua aplicação às diversas situações da vida."

"Não há fé inabalável senão aquela que pode encarar a razão face a face, em todas as épocas da Humanidade."

(Allan Kardec)

16.2. Entendendo o Evangelho

O livro *O Evangelho segundo o Espiritismo* baseia-se nos versículos da *Vulgata*[27] com a diferença de não se ocupar dos dados históricos e relatos das vivências do Cristo. A obra se prende ao aspecto moral dos ensinamentos de Jesus, conforme explica o codificador Allan Kardec, no item I da Introdução do livro.

27 Vulgata: Tradução da Bíblia para o latim, realizada por Jerônimo entre o final do século IV e princípio do século V, tendo sido declarada como a versão oficial da Igreja Católica a partir do Concílio de Trento, em 1546.

16.3. Um Pouco de História

Kardec, após a publicação de *O Livro dos Espíritos*, vai recebendo dos médiuns mais de uma centena de mensagens de Espíritos ligados ao cristianismo primitivo. Isso o levou a perceber a necessidade de elaborar um texto sobre este momento histórico importante da humanidade.

E em abril de 1864, o Espiritismo entrava numa nova fase, a do aspecto religioso da Doutrina, com o lançamento de *O Evangelho segundo o Espiritismo*. Em sua primeira edição, este livro recebeu o título de "Imitação do Evangelho segundo o Espiritismo".

O Livro dos Espíritos (1857), trata em pelo menos três lugares (Deus, Livro Primeiro, Capítulo I; Perfeição Moral, Livro Terceiro, capítulo XII; Esperanças e Consolações, todo o Livro Quarto) basicamente de assuntos que dizem respeito à Religião. Mas é no Capítulo I do terceiro livro sobre a Lei divina ou natural, item II, Conhecimento da lei natural, que ele indica Jesus e seus ensinamentos como o caminho a ser seguido, falando, porém, da necessidade de um esclarecimento maior destes ensinamentos para que fossem mais claros aos homens, como veremos abaixo em duas questões:

> "Qual o tipo mais perfeito que Deus ofereceu ao homem para lhe servir de guia e de modelo?
>
> Vede Jesus.
>
> (...) Deus nô-lo oferece como o mais perfeito modelo e a Doutrina que ele ensinou é a mais pura expressão da sua lei, porque ele estava animado do espírito divino e foi o ser mais puro que já apareceu na Terra."
>
> *O Livro dos Espíritos* questão 625

> "Desde que Jesus ensinou as verdadeiras leis de Deus qual é a utilidade do ensinamento dado pelos Espíritos? Têm eles mais alguma coisa para nos ensinar?
>
> O ensino de Jesus era frequentemente alegórico e em forma de parábolas, porque ele falava de acordo com a época e os lugares. **Faz-se**

hoje necessário que a verdade seja inteligível para todos. É preciso, pois, explicar e desenvolver essas leis, tão poucos são os que as compreendem e ainda menos os que as praticam. Nossa missão é a de despertar os olhos e os ouvidos, para confundir os orgulhosos e desmascarar os hipócritas: os que afetam exteriormente a virtude e a religião para ocultar as suas torpezas. O ensinamento dos Espíritos deve ser claro e sem equívocos, a fim de que ninguém possa pretextar ignorância e cada um possa julgá-lo e apreciá-lo com a sua própria razão. Estamos encarregados de preparar o Reino de Deus anunciado por Jesus, e por isso é necessário que ninguém venha a interpretar a lei de Deus ao sabor das suas paixões, nem falsear o sentido de uma lei que é toda amor e caridade."

O Livro dos Espíritos questão 627

Como vimos acima, *O Evangelho segundo o Espiritismo* veio reavivar as palavras de Jesus, que já se encontravam completamente deturpadas. Trouxe de novo, até nós, a simplicidade do Cristianismo, recordando os primeiros dias da mensagem de Jesus na Terra, em que a caridade era ainda o perfume simples que envolvia os primeiros núcleos cristãos. Aliás, pode-se até perceber que esses núcleos iniciais (as chamadas **igrejas** relatadas no Novo Testamento) eram muito parecidos com os mais simples Centros Espíritas que conhecemos hoje, onde havia inclusive intercâmbio mediúnico feito com muita naturalidade.

No livro *Roteiro,* psicografado pelo médium Francisco Cândido Xavier, o Espírito Emmanuel diz que *"antes de Jesus não existiam os padrões de perfeição moral para indicar aos homens o caminho regenerador e santificante".* Jesus, portanto, trouxe um novo código de conduta (o Evangelho) e passados dois milênios, as pessoas muitas vezes agem às cegas, como se jamais tivessem ouvido falar do Evangelho e das normas de conduta ali contidas.

***O Evangelho segundo o Espiritismo* veio recordar esse código sublime**.

Jesus estabeleceu o que poderíamos chamar de **"padrões de perfeição".** Padrões que podem ser seguidos pelo ser humano, desde que o homem entenda a profundidade do Evangelho. É ainda o Espírito Emmanuel que diz que *"quando Jesus confiou ao mundo a mensagem da Boa Nova (Evangelho), a Terra, sem dúvida alguma, não se achava desprovida de cultura. Ao contrário, a cultura já era bastante ampla".*

Na Grécia, por exemplo, as artes haviam atingido um ponto culminante. Em Roma, as bibliotecas públicas divulgavam Ciência, Filosofia e até mesmo Religião. A Política era uma constante na vida daqueles povos. Professores eméritos conservavam tradições e ensinamentos, cultuando a inteligência. Havia Cultura, Instrução. O que não havia era Educação.

Lado a lado com essa Cultura coexistiam costumes estranhos.

A mulher recebia tratamento inferior ao que se dispensava aos cavalos. O cativeiro, consagrado por lei, era um flagelo comum. Se alguém errasse, era marcado a ferro candente e submetido à escravidão. Os pais podiam vender os filhos. Vazar os olhos dos vencidos e aproveitá-los em trabalhos domésticos era prática comum. As crianças fracas eram quase sempre punidas com a morte. Os enfermos, condenados ao abandono. As adúlteras, apedrejadas. Os governantes tomavam como seu o direito de reduzir os governados à mais extrema penúria, sem que disso tivessem de prestar contas a ninguém. Nos circos, feras devoravam homens sob o aplauso geral.

Com Jesus começa uma nova era para a Humanidade sofredora de todos os tempos. Condenado à morte, Jesus nada reclama. Roga ao Pai o perdão para aqueles que o insultaram, que o feriram, que o condenaram. Assim Jesus dissemina no ânimo de seus seguidores novas disposições espirituais. Iluminados pela divina influência, os discípulos do Mestre se consagram ao serviço de seus semelhantes.

Simão Pedro e seus companheiros dedicam-se aos pobres e doentes. Aliás, se encontra o relato desse trabalho gigantesco dos primeiros discípulos no livro *Paulo e Estêvão,* de autoria de Emmanuel, psicografado por Francisco Cândido Xavier.

Instituem-se casas de socorro para os necessitados. Abrem-se escolas de evangelização.

Atormentados, perseguidos, torturados, trancafiados nas prisões ou jogados às feras, os aprendizes do Evangelho, os seguidores do Cristo ensinavam a compaixão e a solidariedade, a bondade e o amor, a fortaleza moral e a esperança. Ensinavam e testemunhavam o perdão. Grupos de servidores se devotavam ao trabalho remunerado para resgatar, com o produto desse trabalho, irmãos em cativeiro.

Senhores de fortuna, tocados em seus sentimentos, devolvem espontaneamente os escravos ao mundo livre. Doentes recebem tratamento e medicação. Mendigos encontram teto. Órfãos são recebidos em novos lares.

Surge na Terra uma nova mentalidade. Aparece o coração educado. A gentileza e a afabilidade passam a prevalecer como norma de boas maneiras. Sob a inspiração de Jesus, homens de pátrias e raças diferentes se encontram com alegria e se chamam de irmãos.

Lamentavelmente toda essa beleza do Cristianismo Primitivo não se perpetuou ao longo dos séculos. Muitas verdades foram adulteradas.

No ano 607, o imperador romano Focas decidiu instituir o papado, a ascendência do bispo de Roma sobre todos os demais. É assim que se encontra este episódio no livro *Emmanuel,* do mesmo autor espiritual, psicografado por Francisco Cândido Xavier:

"(...) Somente no princípio do século VII, a presunção dos prelados romanos encontrou guarida no famigerado imperador Focas, que outorgou a Bonifácio a primazia injustificável de bispo universal. Consumada essa medida, que facilitava ao orgulho e ao egoísmo toda sua nociva expansão, têm-se levado a efeito, até hoje, os maiores atentados, que culminaram, em 1870, na declaração da infalibilidade papal.

Muitas vezes, em nome do Cristo, a tirania política e o despotismo intelectual organizaram guerras, atearam fogueiras, incentivaram a perseguição e entronizaram a morte."

Godofredo de Bouillon e Tancredo de Siracusa, no ano de 1096, alegando agir como defensores de Jesus, organizaram um poderoso exército para reconquistar a Terra Santa, instituindo as cruzadas. E milhares de pessoas morreram sob as espadas que se intitulavam "defensores do Cristo".

Em 1231, o papa Gregório IX consolidou o Tribunal da Inquisição, objetivando evitar condenações sem um processo formal, mas que rapidamente se transformou em criminosas flagelações no campo da fé religiosa. Dizendo-se convictos de que estavam defendendo a continuidade e a integridade da Doutrina cristã, bispos e sacerdotes julgavam e puniam com a morte valorosos pioneiros do progresso planetário, tais como Jan Hus, na Alemanha, em 1415; Giordano Bruno, em Roma, em 1600; e tantos outros. A Doutrina cristã foi totalmente modificada, distanciando-se muito daquela pureza encantadora dos primeiros dias.

Essa distorção dos caminhos cristãos foi lembrada aqui para destacar a importância de *O Evangelho segundo o Espiritismo,* que a partir de 1864, traz para a humanidade a revivescência das palavras do Mestre. Relembra a simplicidade dos ensinamentos cristãos, sem deturpações. Retorna às origens, à fonte, buscando o manancial.

16.4. Os Capítulos do Evangelho

Nesse livro, Allan Kardec estuda trechos do Novo Testamento e os apresenta com comentários próprios e, também, com comentários assinados por Espíritos Superiores. E todos esses comentários clarificam a mensagem cristã e a colocam ao alcance do mais simples dos seres humanos. Nos trechos transcritos abaixo pode observar-se a lógica que dita a organização dos capítulos:

- **Citação da Passagem evangélica.**
- **Comentários do autor.**
- **Mensagens dos Espíritos.**

A seguir, dois exemplos, com trechos extraídos desse livro, de forma bastante sintética e resumida:

Capítulo I, itens 1 e 10.

"Não penseis que eu tenha vindo destruir a lei ou os profetas; não os vim destruir, mas cumpri-los. Porquanto, em verdade vos digo que o Céu e a Terra não passarão sem que tudo o que se acha na lei esteja perfeitamente cumprido."

(Mateus, 5:17-18)

"Na lei mosaica, há duas partes distintas: a lei de Deus promulgada no Monte Sinai, e a lei civil ou disciplinar, decretada por Moisés. Uma é invariável; a outra, apropriada aos costumes e ao caráter do povo, modifica-se com o tempo. (...) Jesus não veio destruir a lei, isto é, a Lei de Deus; veio cumpri-la, isto é, desenvolvê-la, dar-lhe o verdadeiro sentido e adaptá-la ao grau de adiantamento dos homens."

(Trechos do comentário de Allan Kardec)

"Um dia, Deus, em sua inesgotável caridade, permitiu que o homem visse a verdade varar as trevas. Esse dia foi o advento do Cristo. Depois da luz viva, voltaram as trevas. Após alternativas de verdade e obscuridade, o mundo novamente se perdia. Então, semelhantemente aos profetas do Antigo Testamento, os Espíritos se puseram a falar e a vos advertir. O mundo está abalado em seus fundamentos; reboará o trovão. Sede firmes."

(Trecho de comentário dos Espíritos Superiores)

Capítulo XII, itens 1, 3 e 10.

"Aprendestes o que foi dito: 'Amareis vosso próximo e odiareis a vossos inimigos'. Eu, porém, vos digo: Amai os vossos inimigos; fazei o bem aos que vos odeiam e orai pelos que vos perseguem e caluniam, a fim de serdes filhos do vosso Pai que está nos céus e que faz se levante o Sol para os bons e para os maus e que chova sobre justos e injustos. Porque, se só amardes os que vos amam, qual será a vossa recompensa?"

(Mateus, 5:43-46)

"(...) Amar os inimigos não é, portanto, ter-lhes uma afeição que não está na natureza, visto que ao contato de um inimigo nos faz bater o coração de modo muito diverso do seu bater ao contato de um amigo. Amar os inimigos é não lhes guardar ódio nem rancor nem desejos de vingança; é perdoar-lhes sem pensamento oculto e sem condições o mal que nos causem; é não opor nenhum obstáculo à reconciliação com eles; é desejar-lhes o bem e não o mal..."

(Trecho de comentário de Allan Kardec)

"(...) Penoso vos é o sacrifício de amardes os que vos ultrajam e perseguem; mas, precisamente, esse sacrifício é que vos torna superiores a eles. Se os odiásseis, como vos odeiam, não valeríeis mais do que eles..."

(Trecho das instruções dos Espíritos Superiores)

Em seus 28 capítulos, metodicamente dispostos, *O Evangelho segundo o Espiritismo* é um convite que a Espiritualidade nos faz para nosso entendimento e vivência da mensagem do Cristo.

A maioria dos temas dos capítulos foi extraída do Sermão do Monte, o principal pronunciamento público de Jesus, que pode ser lido no Evangelho de Mateus, capítulos V a VII.

Na introdução do livro, Kardec coloca bases para a compreensão da linguagem de Jesus, esclarecendo sobre os costumes e a sociedade judaica da época, por exemplo, quem eram os samaritanos, fariseus, publicanos, de quem ele falava.

Nos capítulos de 1 a 4, são lançadas bases para a compreensão da moral cristã segundo os preceitos espíritas. Entre outros ali são tratados os temas: imortalidade da alma, pluralidade dos mundos habitados e reencarnação, sem os quais, algumas mensagens de Jesus não fariam sentido ou não seriam verdadeiramente compreendidas.

Os capítulos de 5 a 10 correspondem às famosas bem-aventuranças, parte inicial do Sermão do Monte que resume o quadro de valores morais que devem caracterizar o novo homem terrestre. Seguem-se os comentários de Kardec, analisando a moral cristã à luz da nova revelação. Quase sempre estes comentários visam interpretar os ensinamentos do Cristo sob a ótica das leis da vida espiritual, valorizando a capacidade de Jesus em trazer verdades compatíveis com o adiantamento da humanidade da época em que viveu, sem deixar de se referir simbolicamente às realidades do mundo dos Espíritos.

Podemos destacar o capítulo 6, o Cristo Consolador, com as maravilhosas mensagens do Espírito de Verdade, onde o caráter consolador da Nova Revelação é devidamente fundamentado.

A cada capítulo vamos encontrando orientações, propostas de exercícios para nosso dia a dia, bases para a transformação não só do indivíduo, mas também da sociedade, como já havia sido anunciado pelos Espíritos em mensagem a respeito de *O Evangelho Segundo o Espiritismo* que se encontra no livro *Obras Póstumas*:

"Esse livro de Doutrina terá considerável influência, pois que explana questões capitais, e não só o mundo religioso encontrará nele as máximas que lhe são necessárias, como também a vida prática das nações haurirá dele instruções excelentes."

(Obras Póstumas 2ª parte)

Especial atenção podemos dirigir aos conceitos e alertas contidos nos capítulos de 17 a 20, onde o verdadeiro espírita e seu papel estão bem definidos, como nos assevera a lição "Os bons espíritas":

"Reconhece-se o verdadeiro espírita pela sua transformação moral, e pelos esforços que faz para dominar suas más inclinações."

(Item 4, capítulo XVII)

Kardec finaliza o livro com capítulos que revelam a excelência da prece (capítulos 25 a 28), incluindo no capítulo final uma coletânea de preces espíritas, onde se destacam de forma brilhantemente didática vários princípios da Doutrina Espírita.

16.5. A prática do Evangelho no lar

Não nos podemos esquecer da prece, da oração em busca do Pai, irradiando o nosso amor a todas as criaturas necessitadas. Na Doutrina Espírita temos uma prática de oração e comunhão com a Espiritualidade denominada "Evangelho no Lar". A prática do Evangelho no Lar, com compromisso e constância, proporciona o equilíbrio no ambiente doméstico, e nós haurimos forças renovadas para enfrentar as vicissitudes ou adversidades da vida.

A seguir, uma sugestão do roteiro para implantação do Evangelho no Lar:

1º) Escolher um dia da semana em horário determinado, em que seja possível a presença de todos os integrantes da família, ou da maior parte deles. Observar, rigorosamente, esse dia e essa hora da reunião, para habilitar o acompanhamento da Espiritualidade.

2º) Iniciar a reunião com uma prece, simples e espontânea, em que, mais que as palavras, tenham valor os sentimentos, não devendo, portanto, ser decorada.

3º) Fazer a leitura de *O Evangelho segundo o Espiritismo.*

4º) Fazer comentários breves sobre o trecho lido, buscando sempre a essência dos ensinamentos de Jesus, para a sua aplicação na vida diária. A reunião poderá ser dirigida pela pessoa que tiver mais conhecimentos doutrinários, a qual deverá incentivar a participação de todos os presentes, apresentando as lições de maneira simples, para que fiquem ao alcance dos de menor compreensão.

5º) Fazer vibrações pelo lar onde o Evangelho está sendo realizado, para os presentes, seus parentes e amigos.

6º) Relembrar sempre que é dever de todos os que procuram viver o Evangelho, concorrer, sem esmorecimento:

a) para a Paz na Terra;

b) para a implantação e a vivência do Evangelho em todos os lares;

c) para o entendimento fraternal entre todas as religiões;

d) para a cura ou melhoria de todos os enfermos, do corpo ou da alma, minorando seus sofrimentos e suas vicissitudes;

e) para o incentivo dos trabalhadores do Bem e da Verdade.

7º) Fazer a prece de encerramento.

16.6. Referências Bibliográficas:

ARMOND, Edgard, *Mediunidade*, cap. 36 Editora Aliança.

ARMOND, Edgard, *Respondendo e Esclarecendo*, p. 189 Editora Aliança.

KARDEC, Allan, *A Gênese*, IDE.

KARDEC, Allan, *O Céu e o Inferno*, IDE.

KARDEC, Allan, *O Evangelho segundo o Espiritismo*, IDE.

XAVIER, F. C./Emmanuel, *Roteiro*, capítulo 14 a 21- FEB, 1ª ed. 2008.

Capítulo 17

A Vida Moral com Base no Evangelho de Jesus

17.1. O Sermão do Monte (Mateus, cap. 5-7)

Entre os trechos mais importantes do Evangelho há que se destacar o Sermão do Monte. Por meio desse maravilhoso discurso, Jesus, o Mestre de amor e simplicidade, compilou a moral cristã e possibilitou que a humanidade tivesse o extrato completo de sua Doutrina de libertação.

Esse trecho, contido em 3 capítulos do Evangelho de Mateus, é o sumário dos ensinamentos que Jesus compartilhou com seus discípulos, demonstrando características e atributos do bom cristão. Com o Sermão do Monte, fica evidente o caráter do Evangelho como um roteiro de evolução espiritual.

Jesus, quando pronunciou o Sermão do Monte, dirigiu-se a toda humanidade, encarnada e desencarnada, mas apenas aqueles de boa vontade puderam captar a sua essência, tais como os doze discípulos. Na medida em que formos evoluindo nossa compreensão espiritual, teremos os "olhos de ver e os ouvidos de ouvir" que Ele mesmo mencionou e acolheremos a mensagem, gradativamente em nossos corações e vivências.

Jesus inicia seu discurso exaltando as bem-aventuranças (Mateus, 5:1-12), exortando à humildade, à mansuetude, à prática da justiça, à misericórdia e à pacificação. Oferece o Reino dos Céus quando o nosso comportamento estiver pautado dentro desses ensinamentos.

E na sua continuidade declara Jesus que os seus discípulos são o sal da terra e a luz do mundo, ensinando com isso que os seus seguidores preservariam os seus ensinamentos pelos exemplos edificantes e transmitiriam os conhecimentos adquiridos d'Ele com pureza cristalina.

"Não vim destruir a lei ou desmentir os profetas, mas tão somente ratificar os ensinamentos, e, mais do que isso, ampliá-los", diz o Mestre (Mateus, 5:17). Assim sendo, se miramos o decálogo trazido por Moisés, podemos ver que Jesus aprofundou a compreensão do amor na aplicação desses mandamentos, por exemplo, condenando a pena de talião e nos chamando com ênfase a sermos mais pacientes e tolerantes, condenou, ao mesmo tempo, a hipocrisia e a simulação.

Recomendou o exercício da caridade sem ostentação; alertou a nos precavermos contra os falsos profetas e enganadores e mostrou a imperiosa necessidade da oração, para que, por intermédio dela, possamos nos religar ao Pai e nos mostrou a necessidade de ajudar os que precisam mais.

Finalmente, mostrou o destino glorioso dos que edificam a vida espiritual sobre a rocha firme e, em contraposição, a triste sina dos que persistem nas ilusões do mundo. Ensinou nesse discurso excelso o "Pai Nosso" (Mateus, 13:6-9) oração que resume tudo o que precisamos dizer para nos conectar com Deus.

17.2. As Parábolas[28]

Contar histórias foi outra maneira por meio da qual o Rabi[29] Jesus propôs os seus ensinamentos. O objetivo era que elas tocassem a imaginação e a consciência de quem as ouvia, criando identidade com situações, personagens e reflexões das narrativas. Para isso Ele usava de imagens do cotidiano e dos lugares, costumes e vivências daquelas pessoas com quem estava falando.

Em seu Evangelho, Jesus esclarece as razões pelas quais ensina por meio de parábolas: "Porque a vós é dado conhecer os mistérios do Reino dos céus, mas a eles não lhes é dado; porque àquele que tem se

---

28 Narrativa alegórica que transmite uma mensagem indireta, por meio de comparação e analogia.

29 Rabi: Líder espiritual; título que significa "mestre", considerado pelos judeus.

dará, e terá em abundância; mas aquele que não tem, até aquilo que tem lhe será tirado. Por isso, lhes falo por parábolas, porque eles, vendo, não veem; e, ouvindo, não ouvem, nem compreendem. E neles se cumpre a profecia de Isaías". (Mateus, 13:11-14)

Nos Evangelhos são encontradas oito parábolas relacionadas com os usos e costumes da época de Jesus, dez relacionadas com os assuntos domésticos e de família e dez relacionadas com a vida rural. E em todas elas há ensinamentos e reflexões úteis ao nosso esclarecimento e crescimento moral.

Nota: O estudo do Sermão do Monte, bem como o estudo e interpretação das parábolas, o leitor poderá fazê-lo consultando *O Evangelho segundo o Espiritismo* e as obras *Iniciação Espírita* e *O Redentor*, editadas pela Editora Aliança, além de outras obras especializadas com este enfoque.

17.3. A Semeadura é Livre, Colheita Obrigatória

"E assim, tudo o que quereis que os homens vos façam, fazei-o também vós a eles. Porque esta é a lei e os profetas."

(Mateus, 7:12).

"Tratai todos os homens como quereríeis que eles vos tratassem."

(Lucas, 6:31).

O Espiritismo traz ensinamentos preciosos de libertação e de responsabilidade. A Doutrina Espírita não proíbe nada, mas mostra que o nosso livre-arbítrio é o vetor de nossas decisões e nos torna responsáveis por elas. Cada um escolhe, evidentemente, de acordo com sua maturidade espiritual e consciência. Ou seja, muitas boas escolhas serão feitas, outras nem tanto. E o tempo, em decorrência do processo reencarnatório, nos trará o resultado de nossos atos.

Esta é a Lei de Justiça. A semeadura é livre, mas a colheita é obrigatória. Na Doutrina Espírita, com base neste princípio, assumimos que temos a liberdade de escolha, que somos livres para experimentar qualquer caminho e que temos autonomia para agir. Não se dirá que o Pai negou possibilidades; elas são concedidas generosamente e se registram pelas inúmeras encarnações e oportunidades. Mas, nada mais compreensível que, ao experimentarmos, estamos sujeitos a cometer falhas e transgressões às leis divinas que regem tudo e todos. Essas transgressões podem ser espontâneas ou involuntárias.

As de caráter involuntário, próprias da ignorância evolutiva, embora acarretem compromissos perante as leis divinas, não têm o mesmo peso de responsabilidade que as transgressões espontâneas, ou seja, os erros que cometemos conscientemente. Estas últimas, apoiadas em nossa decisão consciente, e muitas vezes cometidas por Espíritos que conhecem as leis, têm um peso e gravidade maiores.

Além disso, há que se considerar que o conhecimento atravessa muitos estágios em nossa consciência. No início ele é teórico e, à medida que aprimoramos percepções, reflexões e comportamentos, eles passam a fazer parte de nosso caráter e personalidade, demonstrando a verdadeira transformação.

Quem não plantou rosas não poderá colhê-las no futuro. Cada um colhe aquilo que planta, eis aí a causa dos sofrimentos, das ansiedades e angústias.

17.4. O objetivo da Escola de Aprendizes do Evangelho e a Reforma Íntima

A EAE-Escola de Aprendizes do Evangelho é um programa[30] organizado para proporcionar a vivência do cristianismo como proposta essencial de aperfeiçoamento moral da humanidade por meio da Reforma Íntima do ser. Busca a renovação do homem em seus sentimentos, pensamentos e atitudes, proporcionando-lhe experiências de verdadeiro autoconhecimento e despertamento de seus ideais divinos.

---

[30] *Vivência do Espiritismo Religioso.* Editora Aliança, 7ª edição, 2015, pag.179.

A Escola de Aprendizes do Evangelho, que teve sua origem na FEESP-Federação Espítita do Estado de São Paulo na década de 1950, por meio de um trabalho de muitos espíritas de boa vontade, liderados por Edgard Armond e espiritualmente inspirados por Razin, é uma proposta que a Aliança Espírita Evangélica faz a todas as pessoas que ingressam em uma de nossas Casas Espíritas. São grupos que se reúnem semanalmente e seguem um programa que tem o propósito da melhoria espiritual, ou seja, de se renovar e descobrir novos caminhos e valores em si mesmos.

A turma assim constituída começa a construir um caminho de descoberta da essência e do objetivo da vida, aprendendo a conviver e se aprimorar por meio do autoconhecimento e melhora interior com base no Evangelho de Jesus. Nessa jornada, o grupo se apoia mutuamente e o espírito de fraternidade passa a reinar entre pessoas que não se conheciam e que agora estarão unidas pelo mesmo ideal.

Tudo o que aprendemos e somos, e que constitui parte importante de nossa personalidade, de nossa sabedoria e de quem somos no mundo, é colocado em perspectiva da Escola de Aprendizes do Evangelho.

Esta transformação interior que a EAE propõe é a Reforma Íntima. É um processo gradativo e incessante de autoconhecimento que se reflete em nosso Espírito, nos transformando-nos passo a passo a partir da vivência do Evangelho do Cristo, em todos os sentidos de nossa existência.

17.5. A Vivência da Doutrina Espírita

O Espiritismo tem três aspectos: científico, filosófico e religioso. Mas uma reflexão importante é que não podemos resumir o Espiritismo aos fenômenos, mesmo sendo estes um fator de atração de muitos, desde o seu início. Tampouco é uma Doutrina apenas de meditações filosóficas, muito menos só de contemplação religiosa.

O Espiritismo é uma Doutrina dinâmica que acompanha a evolução do ser, ou melhor, ajuda a preparar os caminhos maravilhosos do amanhã, por isso não é intransigente, é Doutrina essencialmente cristã e acolhedora. A vivência da Doutrina Espírita precisa ser cultivada por nós, mostrando pela nossa conduta, o poder transformador e de melhoramento desses postulados. O verdadeiro espírita se propõe a ser melhor e diferente todos os dias e usa como base a força dos esclarecimentos recebidos por meio da Codificação de Kardec e dos ensinamentos de Jesus; assim, é de se esperar que sua conduta não seja ordinária. O espírita, por suas atitudes, deve ser exemplo, dos ensinamentos cristãos, em cada instante da sua vida, adotando a máxima "Fora da caridade não há Salvação", uma caridade humilde repleta de amor ao próximo.

"Por muito vos amardes saberão todos que sois meus discípulos" (Cap. 15, item 10, ESE). Este é o caminho e o procedimento que espelha esta Doutrina.

"...Caridade prática, caridade para o próximo como para si mesmo. Em uma palavra, caridade para com todos e amor de Deus sobre as coisas, porque o amor de Deus resume todos os deveres, e porque é impossível amar a Deus sem praticar a caridade, da qual Ele faz uma lei para todas as criaturas."

(Capítulo 10, item 18, ESE).

Somos espíritas em todos os lugares e a todo o momento, portanto a conduta é de vigilância e autopercepção em todos os momentos e situações, pois a verdadeira transformação é a interior e não apenas nos comportamentos e atitudes externas. O culto é interior. Ou seja, que sejamos coerentes e consistentes com os ensinamentos de Jesus em nosso lar, em sociedade, no campo profissional e religioso. "Seja, porém, o vosso falar: Sim, sim; Não, não; porque o que passa disto é de procedência maligna". (Mateus 5:37)

Como nos diz Miguel Vives y Vives, o apóstolo dos espíritas na Espanha:

“O espírita é o consciente construtor de uma nova forma de vida humana na Terra e de vida espiritual no Espaço; sua responsabilidade é proporcional ao seu conhecimento da realidade, que a Nova Revelação lhe deu; seu dever de enfrentar as dificuldades atuais, e transformá-las em novas oportunidades de progresso, não pode ser esquecido um momento sequer; ESPÍRITAS, CUMPRAMOS O NOSSO DEVER”.

17.6. Referências Bibliográficas:

ARMOND, Edgard, *O Redentor.* Cap. 34/35, Editora Aliança.

Bíblia de Jerusalém, O Evangelho segundo Mateus, Caps. 5, 6 e 7. Edições Paulinas.

KARDEC, Allan, *O Evangelho Segundo o Espiritismo*, Cap. X, item 18. FEB.

VIVES, Miguel Vives y. *Tesouro dos Espíritas*, Cap. VI da 2ª parte, Editora Edicel.

Vivência do Espiritismo Religioso, Editora Aliança, 7ª edição, 2015, pág.179.

Glossário

Carma:

A palavra Carma tem a origem no sânscrito (antiga língua sagrada da Índia) e significa ação, ato deliberado. É um termo usado nas religiões hinduísta, jainista e budista, para definir que cada pessoa receberá o resultado de suas ações. Muitos espíritas adotam esse termo.

Chacras:

Sua origem vem do sânscrito Chakra, cujo significado é "roda", "giro". André Luiz e Edgard Armond o conceituam como centros de força.

Clarividência:

Chamada também de visão hiperfísica. Pode ser visão ambiente, no espaço (ver algo que está distante) ou no tempo. ARMOND, E. - *Mediunidade.*

Codificação Kardequiana:

As obras básicas do Espiritismo. Também referidas como Codificação Espírita. Os 5 livros publicados por Allan Kardec, entre 1857 e 1868. Além delas, outras 11 publicações de Allan Kardec fazem parte das Obras Fundamentais da Doutrina Espírita.

Consolador:

Ver Espírito da Verdade.

Ectoplasma:

Substância capaz de produzir a materialização dos Espíritos. Extremamente plástico, dá forma parcial ou total às entidades que se fazem visíveis aos olhos dos encarnados.

Efeitos físicos:

É a mediunidade em que fenômenos objetivos se revelam, envolvendo materiais pesados, por exemplo: levitação, som de pancadas, transportes, etc.

Emancipação da Alma:

Estado de manifestação do Espírito quando se desprende dos laços materiais, e se manifesta principalmente pelo fenômeno dos sonhos, da sonolência, da dupla vista, do sonambulismo natural ou magnético e do êxtase.

Espírito da Verdade:

Também chamado Consolador (em grego, Paracleto), é o Espírito mencionado e prometido por Jesus em João 14:17. Foi sob os cuidados do Espírito da Verdade que se deu a revelação da Doutrina Espírita, organizada por Allan Kardec.

Espírito familiar:

Espírito ligado a uma pessoa ou a uma família, quer para protegê-la (quando bom), quer para persegui-la (quando não).

Espírito protetor:

O mesmo que mentor ou anjo da guarda.

Fenômeno espírita ou espiritual:

Fato ou acontecimento que encontra sua origem nos Espíritos.

Fraternidades do Espaço:

Grupos organizados de Espíritos Superiores, que abraçam uma missão específica de modo coletivo.

Inteligência invisível:

O mesmo que Espírito.

Leis Universais:

Princípios gerais empregados por Deus para a Criação do Universo, compreendendo todos os astros, seres e forças da Natureza.

Manifestação:

É quando o Espírito se revela, podendo tornar-se visível (aparição) ou mostrar-se presente por intermédio de efeitos físicos (ruídos, movimentação de objetos etc.).

Materializações:

É o fenômeno onde o Espírito condensa fluidos doados pelos médiuns, revestindo-se dele e tornando-se visível.

Médium:

Aquele que sente a influência dos Espíritos, em qualquer grau de intensidade, sendo capaz de receber e transmitir suas manifestações.

Mediunidade:

Capacidade inerente ao ser humano de comunicar-se, de modo menos ou mais ostensivo, com os Espíritos.

Mundo invisível:

Ver plano espiritual.

Mundo visível:

Ver plano material.

Obras básicas (do Espiritismo):

São os cinco livros que formam o corpo da Doutrina Espírita, a saber: *O Livro dos Espíritos* (1857), *O Livro dos Médiuns* (1861), *O Evangelho segundo o Espiritismo* (1864), *O Céu e o Inferno* (1865) e *A Gênese* (1868).

Parábola:

Narrativa alegórica que transmite uma mensagem indireta, por meio de comparação ou analogia.

Paracleto:

Ver Espírito da Verdade.

Passes magnéticos:

Movimentos para aplicação de fluidos espirituais invisíveis que visam à saúde e ao reequilíbrio psíquico e emocional.

Pentateuco:

Do grego, “os cinco rolos”, é composto pelos cinco primeiros livros da Bíblia. Entre os judeus é chamado de Torá. No Espiritismo usamos esta palavra para designar os 5 livros básicos da obra espírita.

Plano espiritual:

Também chamado mundo invisível, é o mundo extrafísico, onde habitam os Espíritos.

Plano imaterial:

Ver plano espiritual.

Plano material:

Também chamado mundo visível, é o mundo físico, aquele em que habitamos enquanto encarnados.

Princípio vital:

É o princípio que dá a vida a todos os seres orgânicos; tem por fonte o fluido universal. O princípio vital é a força motriz dos corpos orgânicos.

Psicografia:

A psicografia é uma incorporação parcial no médium e se manifesta por meio da escrita, conduzida pelo Espírito comunicante.

Quintessenciada:

Estado da matéria mais sutil, é a composição semimaterial do perispírito.

Rabi:

Líder espiritual; título de honra que significa “mestre”, considerado pelos judeus.

Tiptologia:

Comunicação dos Espíritos por meio de batidas ou pancadas.

Transe hipnótico:

Estado alterado de consciência, sob o qual a pessoa apresenta elevado grau de concentração, muito mais intenso que o habitual.

Transe sonambúlico:

Estado de emancipação da consciência, por meio do qual se experimentam percepções de que não se dispõe no sonho. Em plena posse de si mesmo, o indivíduo apresenta habilidades como ver, ouvir e perceber além dos sentidos físicos.

Vibrações:

É o ato de colocar nossa vontade, gerando, por meio de nossos bons sentimentos e pensamentos, irradiações de energias espirituais em favor de pessoas e locais.

Vidência:

Tipo de mediunidade que permite ao médium observar e descrever aspectos do plano espiritual e de Espíritos desencarnados.

Escola de Aprendizes do Evangelho

(Iniciação Espírita)

A Escola de Aprendizes do Evangelho é um programa organizado para proporcionar a vivência do Cristianismo como proposta essencial de aperfeiçoamento moral da Humanidade por meio da Reforma Íntima do ser. Busca a renovação do homem em seus sentimentos, pensamentos e atitudes, proporcionando-lhe experiências de verdadeiro autoconhecimento e despertamento de seus ideais divinos.

Não se trata de um curso como habitualmente se entende a partir da palavra "escola", mas sim de um processo de Iniciação Espiritual baseado no Evangelho de Jesus, entendido como a forma mais pura de vivenciar a proposta religiosa do Espiritismo para o Bem da Humanidade.

As Escolas de Aprendizes do Evangelho preparam e purificam os Espíritos para o ingresso em vidas mais perfeitas, na comunhão de todos os dias com Deus, despertando a consciência interna para que vibre em sintonia com os planos espirituais mais elevados.

Não é um curso comum de preparação teórica, mas a oportunidade que o aprendiz tem para adestrar suas forças, sem temor e represálias, terçar armas contra si mesmo, isto é, contra todas as suas imperfeições: maus pensamentos, más palavras e más ações, e provar a si próprio que está combatendo por decisão própria, sem engôdos ou forçamentos, visando seu engrandecimento espiritual.

Programa de Aulas

Aula	Título
1	Aula inaugural
2	A Criação
3	O nosso Planeta
4	As raças primitivas
5	Constituição Geográfica da Terra
6	Civilização da Mesopotâmia
7	Missão Planetária de Moisés/ Preparação dos Hebreus no deserto
8	Introdução ao Processo de Reforma Íntima
9	O Decálogo/Regresso a Canaã/A morte de Moisés
10	O governo dos Juízes/O governo dos Reis até Salomão
11	Separação dos Reinos/Sua Destruição/ O período do cativeiro até a reconstrução de Jerusalém
12	História de Israel e dominação estrangeira
13	Implantação do Caderno de Temas
14	O nascimento do Messias e controvérsias doutrinárias
15	Os reis magos e o exílio no estrangeiro
16	Infância e juventude do Messias
17	Jerusalém e o Grande Templo/Reis e líderes
18	As seitas nacionais/Os costumes da época
19	A Fraternidade Essênia
20	O precursor
21	O início da tarefa pública/Os primeiros discípulos
22	A volta a Jerusalém e as escolas rabínicas
23	Passagem para o grau de aprendiz

79 Exercício de Vida Plena
80 Curas e milagres do Evangelho
81 Cosmogonias e concepções do Universo
82 Estudos dos seres e das formas
83 Evolução nos diferentes reinos/
Histórico da evolução dos seres vivos
84 Leis Universais
85 Exercício de Vida Plena
86 O Plano Divino/A Lei da Evolução
87 A Lei do Trabalho/A Lei da Justiça
88 A Lei do Amor
89 Amor a Deus, ao próximo e aos inimigos
90 A filosofia da dor
91 Normas da vida espiritual
92 Exame Espiritual
93 Exame Espiritual
94 Estrutura da Aliança e de um Centro Espírita
Como abrir um Centro Espírita
95 Nova frente de trabalho
96 Evolução Anímica (I)
97 Evolução Anímica (II)
98 Categoria dos mundos
99 Imortalidade
100 A Fraternidade do Trevo e FDJ
101 Reencarnação
102 Exercício de Vida Plena
103 Regras para a educação,
conduta e aperfeiçoamento dos seres
104 Regras para a educação,

conduta e aperfeiçoamento dos seres

105 Regras para a educação,
conduta e aperfeiçoamento dos seres

106 O papel do discípulo

107 O cristão no lar

108 O cristão no meio religioso e no meio profano

109 Os recursos do cristão

110 Exercício de Vida Plena

111 Iniciação Espiritual

112 Estudo do perispírito/Centros de força

113 Regras de conduta

114 O Espírito e o sexo

115 Problemas da propagação do Espiritismo

116 Exame Espiritual

117 Exame Espiritual

118 Exame Espiritual. Devolução das cadernetas/
Esclarecimentos sobre o período probatório de três meses,
após o estudo de *O Livro dos Espíritos*, necessário à
passagem para o grau de Discípulo (ingresso na FDJ)

Temas Doutrinários e Evangélicos

Na Semeadura I

Temas doutrinários abortados com objetivo e clareza.

Na Semeadura II

Temas doutrinários abortados com objetivo e clareza.

Lendo e Aprendendo

Mais temas doutrinários com índice remissivo.

Verdades e Conceitos I

Ideal da Aliança em importantes resoluções históricas.

Verdades e Conceitos II

Ideal da Aliança em importantes resoluções históricas.

O Redentor

Vida, obra e ensinamentos do mestre da Galileia.

Aliança

Publicações Aliança

Métodos Espíritas de Cura

O funcionamento da mente
e repercussões espirituais
As cores da Alma.

Desenvolvimento Mediúnico

Um roteiro perfeito para
o bom funcionamento
da mediunidade.

Mediunidade

Seus aspectos
desenvolvimento e utilização.

Passes e Radiações

Métodos de cura
e tratamento espiritual.

Prática Mediúnica

Levantamentos sobre a
realidade da prática mediúnica
e melhores direcionamentos.

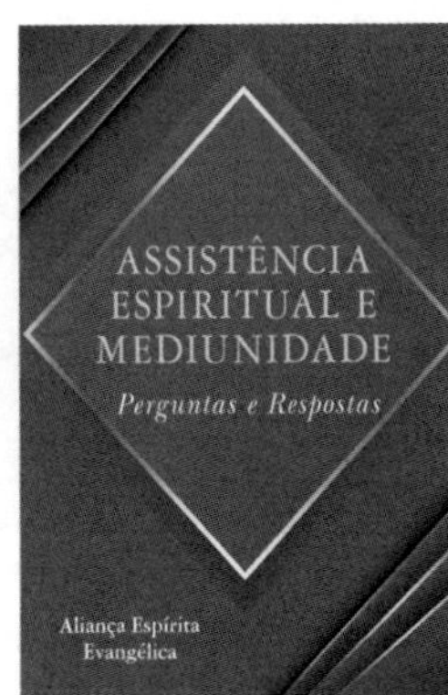

Assistência Espiritual e Mediunidade

Obra tem como foco principal as
atividades adotadas pelos centros
espíritas que adotam os programas da
Aliança Espírita Evangélica.

No tempo do Comandante
Resgate da história de um dos baluartes do movimento espírita nacional.

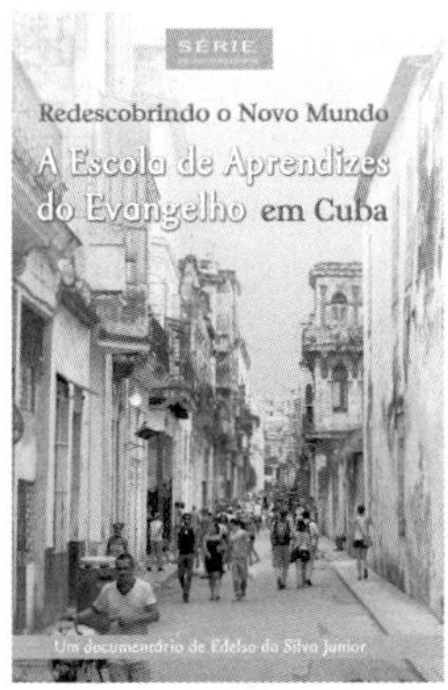

Redescobrindo o Novo Mundo (DVD)
A chegada da Escola de Aprendizes do Evangelho em Cuba.

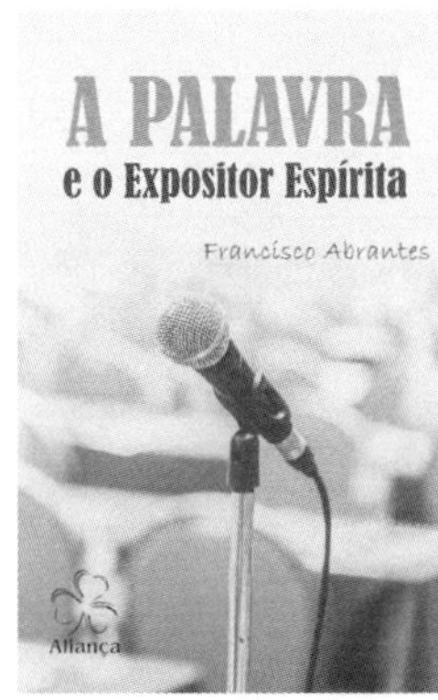

A Palavra e o Expositor Espírita
Estudo e aprimoramento no uso responsável da palavra diante da oratória espírita.

Um só Caminho
Apresenta de acordo com a lei da evolução, as causas de nossos desequilíbrios que levam a perda da saúde .

O Espiritismo e a Ciência no século 21
Uma obra voltada para leitores atentos que, buscam atualizar-se dos campos filosóficos e científicos desta magnífica Doutrina.

Enquanto é tempo
A Doutrina dos Espíritos tem seus aspectos muito abrangentes e esclarecedores sobre questões pouco divulgadas. Este livro aborda estes aspectos com bastante aprofundamento.